Für Siegfried Thiele
mit Dank
von
Heinz Hunger

Erlangen, d. 19. 6. 05

REINER KUNZE

Bleibt nur die eigne Stirn

Ausgewählte Reden

RADIUS

ISBN 3-87173-306-7

Umschlag: André Baumeister
unter Verwendung eines Fotos von Peter Peitsch
Das Zitat auf der Rückseite des Buches wurde der Laudatio von Michael Klett auf Reiner Kunze anläßlich der Verleihung des STAB-Preises 2004 in Zürich entnommen
Gesamtherstellung: Clausen & Bosse, Leck
Printed in Germany

Dein Rang richtet sich nach jenem Maß,
das das Zünglein deiner Waage
erbeben läßt.

Jalāluddīn Rūmī (1207-1273)

Darf ein Schriftsteller *vernünftig* werden wollen?

Verleihung des Georg-Büchner-Preises
am 21. Oktober 1977 in Darmstadt

Vor zwanzig Jahren, ich war damals wissenschaftlicher Assistent, ließ mich mein Chef zu sich rufen und sagte: »So, Sie schreiben Gedichte!« Er hatte sie gedruckt vor sich liegen. Und nach einer Pause, die ich als sehr lang in Erinnerung habe, sagte er: »Naja, auch Sie werden noch vernünftig werden.« Damit war ich wieder entlassen.

Als ich über die heute hier zu haltende Rede nachzudenken begann, wurde mir bewußt, daß bei jener Audienz erstmals ein Leitmotiv erklungen war – noch unter Ausschluß der Öffentlichkeit, piano, ein Solo für Posaune. Die Staatsorchester sollten folgen. *Vernünftig werden*. Im Selbstverständnis meines damals wie heute verehrten Chefs hatte das geheißen: Nur die Gedichte nicht schreiben, die ich schrieb.

Mangelte es mir an Willen zur Einsicht? Ich war so willig gewesen einzusehen, daß ich mich dabei – wie ich später mit Entsetzen begriff – nicht einmal der eigenen Augen bedient hatte.

Woran also hatte es gelegen?

Die Stadt unter Ihnen ist plötzlich ein Fisch. Jeder Dachschiefer, rauhreifbedeckt, ist eine Schuppe. Der Schloßberg ist der Kopf, die Tunneleinfahrt das linke Auge. Sie haben sich nicht vorgenommen, die Stadt als Fisch zu sehen. Ihr Unterbewußtsein hat die Realität Stadt und die Realität Fisch miteinander verknüpft und die Verknüpfung dem Bewußtsein signalisiert. Noch nie sahen Sie die Stadt als Fisch. Und wie oft sind Sie diesen Weg zu Ihrer Wohnung schon gegangen. – Dieses diffuse Licht – wie durch eine Eisdecke… Lautlos, die Stadt. Der Fisch. Der Fisch im Winter: Reglos. Scheinbar. – Ihr Unterbewußtsein ist besser, als Sie denken. Als Sie *denken*. Über Ähnlichkeiten der äußeren Erscheinung führt es Sie hin zu Wesenszusammenhängen zwischen dieser Stadt in der Tiefe und dem Fisch in der Tiefe. Zumindest beginnen Sie sie zu ahnen.

Sie stehen – ob Sie wollen oder nicht – am Beginn eines Prozesses, an dessen Ende Ihr Gedicht steht:

DEZEMBER

Stadt, fisch, reglos
stehst du in der tiefe

Zugefroren
der himmel über uns

Überwintern, das
maul am grund

Maul am Grund. Das Maul halten, sagen die Leute. Und: Grund ist nicht nur der Erd-Grund. Grund bedeutet auch: Antwort auf das Warum, Ursache. Das Maul am *Grund.* (Dieses Gedicht entstand 1966. Anderthalb Jahre später, hundert Kilometer südlich dieser Stadt, offenbarte ein kurzer gesellschaftlicher Frühling, welche Lippenfühlung ein Volk, das fünfzehn Jahre überwinterte, mit dem Grund – der Erde und den Gründen – haben kann.)

Man wird Ihnen entgegenhalten: Von dem Einfall, die Stadt als einen in der Tiefe stehenden Fisch zu sehen, werden Sie gestellt. Dann aber müssen Sie sich dem Einfall stellen. Der Prozeß, ihn solange Sprache werden zu lassen, bis er in den drei Wörtern »maul am grund« aufgeht, unterliegt ihrem Willen.

Was an diesem Prozeß unterliegt Ihrem Willen?

Sie werden die Bild-Inspiration abklopfen, wie Geigenbauer früher das Holz abgeklopft haben, bevor es gefällt wurde. Entscheiden werden die Qualität des Holzes und die Qualifikation Ihres Gehörs.

Der Bildeinfall wird sich mit dem auffüllen, was in Ihnen auf ihn hingearbeitet hat: mit Erlebtem, das Sie anders nicht bewältigen konnten. Es wird sich in dem Bild ausformen, und Sie werden dabei eine Haltung zu dem Erlebten gewinnen (Überwintern, das / maul am grund). Sollten Sie sich von einem Bildeinfall abwenden, weil Sie seine entdeckerische Potenz nicht erkannt haben, wird sich dieser Prozeß auch gegen Ihren Willen vollziehen, und das Bild wird sich wieder und wieder in Ihr Bewußtsein drängen.

Das Gedicht ist für Sie kein Luxus.

Das dichterische Bild, die originäre Verknüpfung weit auseinanderliegender Realitäten, die scheinbar paradox ist (Stadt/Fisch), die aber über die Brücke äußerer Ähnlichkeiten zur Entdeckung einer Wahrheit über eine der Realitäten führt, ist die Ihnen einzig gemäße Art, sich bestimmte Bereiche der Wirklichkeit anzueignen.

Ein Schriftsteller kann nicht vernünftiger werden, als er dabei Schriftsteller sein kann.

Fünfzehn Jahre nach der Audienz bei meinem Chef, der lediglich der Meinung gewesen war, Gedichte seien ein Ausdruck von Infantilität, sagte mir ein Herr in Berlin, eine Mappe mit Rezensionen aus westdeutschen Zeitungen vor sich: »In den Kritiken steht, daß das, was Sie machen, Literatur ist. Einverstanden.

Wenn dem aber so ist, dann können wir zwanzig Jahre ohne Literatur leben. Und dann können wir auch vierzig Jahre ohne Literatur leben.« Er gehörte zu jenen Machtausübenden, die die Literatur ausklammern, weil andere sich an sie klammern, ein großer Teil derer nämlich, über die jene Macht ausüben.

Darf ein Schriftsteller überhaupt *vernünftig* werden wollen?

Auch für manchen Leser ist das Gedicht kein Luxus. Nicht nur in Staaten, in denen Gedichte mitunter wie Kassiber weitergegeben werden. Das poetische Bild leistet überall das Gleiche. Über das Staunen, über die Lust an der Neuartigkeit der Verknüpfung – einem Lustgefühl, in dem ein Stachel von Unlust steckt, weil Gewohnt-Bewährtes plötzlich in Frage gestellt zu sein scheint –, lockt und drängt es den Leser, früher oder später das zu entdecken, was es an Entdeckenswertem bereithält; und das kann bedeuten, daß er in sich selbst zu Entdeckungen gelangt, die ihm ohne das Kunsterlebnis versagt geblieben wären. (Um einer gängigen Meinung zu widersprechen: Kunst braucht, um zu entstehen, nicht immer ein *Gegen*, auch ein *Gegenüber* kann inspirieren. Und deshalb vermag sie auch alle Saiten anzureißen, die im Betrachter, Hörer oder Leser gespannt und gestimmt sind.)

Ich höre den Einwand: Die Tatsache, daß Gedichte wie Kassiber weitergegeben werden, beweist aber doch, daß sie unter den Bedingungen einer politischen Diktatur notwendiger sind als in einer Gesellschaft, in der jeder potentielle Leser eines Gedichts dessen wirklicher Leser werden kann.

Doch ist das Gedicht deshalb weniger notwendig? Und wenn ja, wäre es dann Luxus?

Nach einer Lesung in London, einer Lesung von Gedichten, sagte mir eine Dame: »Ich kann es nicht glauben, und ich will es auch nicht glauben, denn alle meine Erfahrungen sprechen dagegen. Aber nach diesem Abend habe ich das Gefühl, es *gibt* noch menschliches Glück.« Je betäubender der materielle Luxus, desto notwendiger die Besinnung auf die Substanz Mensch.

Um den Begriff der staatsbürgerlichen Verantwortung anzustrengen: Sie besteht für den Schriftsteller darin, auf der *Unvernunft* zu bestehen, Schriftsteller zu sein und als Staatsbürger die Folgen zu tragen.

Jene Londoner Lesung fand im Mai 1975 statt. Ich war damals noch Bürger des anderen deutschen Staates, und was dieser Reise an dreijährigen Bemühungen der Universität Cambridge und dann monatelangen Belastungen bis unmittelbar vor Start des Flugzeugs voranging, wäre wohl der Rede, nicht aber einer Rede wert. Nur soviel: Um die Reise zuletzt überhaupt noch antreten zu können, mußte ich von abends siebzehn Uhr bis morgens drei Uhr durch Injektionen buchstäblich auf die Beine gestellt werden. Die Folge war, daß ich, als die Wirkung der Medikamente nachließ, in London lebensgefährlich erkrankte. Die von meinem Gastgeber benachrichtigten Ärzte rieten bereits am Telefon: King's Hospital – das war das nächstgelegene Krankenhaus. Eine Besucherin, die den zweiten Botschafter der DDR in London kannte und mit seiner Familie befreundet war, erbot sich jedoch, diesen zu informieren. »Ihre Botschaft wird sich sofort für Sie einsetzen«, sagte sie. Als sie vom Telefon zurückkam, war sie blaß und verstört. Der Botschafter habe zurückgefragt: »This writer?«, und als sie, erfreut, daß er wußte, von wem sie sprach, bestätigt habe, ja, es handle sich um den Schriftsteller Reiner Kunze, sei die Stimme des Herrn »vereist«, er sei ungehalten geworden und habe es abgelehnt, daß sich die Botschaft für mich verwende.

Für die Verleihung des Georg-Büchner-Preises zu danken bedeutet für mich mehr, als nur dem Anstand zu genügen.

Habe ich an Büchner vorbeigesprochen?

Weiß ich so genau, wer ich bin?

Frühjahrstagung der Deutschen Akademie
für Sprache und Dichtung
vom 3. bis 6. Mai 1978 in Darmstadt

Zum Akademiemitglied wird man bekanntlich nicht unmittelbar vom lieben Gott gekürt. Die Kürenden haben nicht einmal Flügel, zumindest keine sichtbaren. Nur jemand, der nie an einer Akademiesitzung teilgenommen hat, könnte meinen, Akademien seien eine Art Vorhimmel. Zum Akademiemitglied wird man von Kollegen gewählt, von gleichgesinnten oder wohlgesonnenen, und so bin ich – und ich stehe ja hier, weil ich Ihnen sagen soll, wer ich bin – Ihr Schuldner.

Aus den erzgebirgisch-vogtländisch-thüringischen Wäldern kommend, bin ich wieder in den Wald gegangen, nach Niederbayern, ans Ufer der Donau unterhalb von Passau, das bekannt ist für seine Überschwemmungen, und angesichts dieser Gefahren und solcher Entfernung von Deutschland ist es tröstlich, ordentliches Mitglied der Deutschen Akademie für Sprache und Dichtung zu sein.

Ich bin ihr dankbarer Schuldner.

Gelangweilt zu werden ist das Fegefeuer für den Geist, und um nichts zu tun, wodurch die Akademie eine Art Vorhölle werden könnte, möchte ich darauf verzichten, Ihnen meine biographischen Daten zu offerieren.

Und sonst: Weiß ich so genau, wer ich bin?

Ich habe einmal ein Haus angestrichen, ein kleines Bauernhaus, ein sogenanntes Altenteil, das wir unter der Bedingung, es instandzusetzen, billig vermietet bekommen hatten. Ich hatte noch nie ein Haus angestrichen. Die Besitzerin lieh mir einen ausgedienten Wurstkessel und wies mich darauf hin, daß ich den Kalk über Nacht weichen lassen müsse. Mein Vater, gelernter Klempner und überwiegend als Steinkohlenbergmann tätig gewesen, riet mir, zwei Handvoll Salz hinzuzugeben. Außerdem hatte ich verschiedentlich beobachtet, daß der Maler solange Farbpulver beimischt, bis ihm der Farbton zusagt, und so kaufte ich anderthalb Kilo Trockenfarbe Ocker-hell und tat, wie mir geheißen. Als ich alles Pulver zugesetzt hatte – die nächste Farbenhandlung war fern –, begann ich zu streichen.

Tags darauf führten auf dem gegenüberliegenden Hang eine Bäuerin und die erwachsene Tochter unserer Wirtin beim Rübenziehen folgendes Gespräch:

»Welcher Maler hat denn euer Haus angemalt?«

»Das war der Herr Kunze.«

»Ob der unser Haus auch machen würde? So einen Ockerton hat's im Dorf überhaupt noch nicht gegeben!«

»Der Herr Kunze ist doch kein Maler.«

»Dann hat er aber Maler gelernt.«

»Soviel ich weiß, hat er studiert, und dann war er Lehrer an der Universität.«

»Du willst mir doch nicht weismachen, daß jemand, der kein Maler ist, so einen Ockerton zustande bringt! Das schafft doch der zehnte Maler nicht.«

»Der Herr Kunze ist Schriftsteller.«

»Na, was sich heute so alles Schriftsteller nennt.«

Auf der Rückseite der Gebirge

Lesung Ilse Aichingers
in der Bayerischen Akademie der Schönen Künste
am 8. Dezember 1982 in München

Es gehört zu den Gepflogenheiten der Bayerischen Akademie der Schönen Künste, daß ein Mitglied die Lesung einer Kollegin, eines Kollegen einleitet, einläutet. Doch heute stehe ich hier mit besonderen Skrupeln. Ilse Aichinger einläuten zu sollen heißt, sich allzu sehr in das Licht eines anderen zu stellen. Ich stehe gern in ihrem Licht, aber nicht um gesehen zu werden, sondern um zu sehen. Zu glauben, etwas sichtbarer machen zu können, als sie selbst es kann, hieße, das Augenmaß verloren zu haben.

Ich weiß nicht, welche Texte Ilse Aichinger heute abend lesen wird. Ich kann Ihnen nur das Gedicht »Gebirgsrand« in Erinnerung rufen:

Gebirgsrand

Denn was täte ich,
wenn die Jäger nicht wären, meine Träume,
die am Morgen
auf der Rückseite der Gebirge
niedersteigen, im Schatten.

Wir wissen: Während wir träumen, bewegen wir die Pupillen, atmen wir unregelmäßig, und unsere Muskeln verspannen sich. Obwohl wir in den Traumphasen am tiefsten schlafen, ähnelt das Hirnstrombild dem des Wachzustandes. Nicht nur die im Traum empfundenen Ängste, unsere Träume jagen uns.

...die Jäger,...meine Träume

Wissenschaftler vermuten aber auch, daß wir, wenn wir träumen, Eindrücke aus einem Kurzzeitspeicher in einen Langzeitspeicher übernehmen und sie zugleich in unseren Erfahrungsschatz einordnen, daß wir also auch im Traum unser Gedächtnis bilden. Biochemisch, so sagen sie, könnten die Traumphasen für das Gehirn Phasen der Erholung sein. Und wir wissen, wer über längere Zeit am Träumen gehindert wird, erkrankt. Nicht träumen zu dürfen kann zur Folter werden.

Denn was täte ich,
wenn die Jäger nicht wären, meine Träume…

Dieses Bild ist bis in seine Tiefen scharf. Kann man, was Schärfe betrifft, etwas sichtbarer machen?

…wenn die Jäger nicht wären, meine Träume,
die am Morgen
auf der Rückseite der Gebirge
niedersteigen, im Schatten.

Kann man, was Licht betrifft, etwas sichtbarer machen?

Unsere Träume sind Jäger. Sie jagen uns, damit wir weiterleben können.

Dieses Bild macht uns staunen.

Der Weg in den zweiten Stock

Eröffnung der Ausstellung »Meine Tiere – Skulpturen, Zeichnungen, Aquarelle und Holzschnitte« von Heinz Theuerjahr am 13. Oktober 1989 in der »Galerie im zweiten Stock« zu Eichstätt

Liebe ist, wie jeder weiß, nie Folge von Interpretation. Das, was das Kunstwerk nicht selbst vermag, kann durch nichts und niemanden bewirkt werden. Man muß selbst dem Kunstwerk begegnen, es gibt keinen anderen Weg. Also: Ruhm und Ehre den Galeristen!

Die Wege vor dem Weg nach Eichstätt

»Die Einfachheit«, schreibt der Bildhauer Hans Wimmer, »steht am Ende, nicht am Anfang, sie ist Resultat, nicht Programm.« Vierzehnmal ist Heinz Theuerjahr nach Afrika aufgebrochen, um Tiere zu zeichnen. Nie hat er sich bemüht wegzulassen, sondern immer nur daran gearbeitet, mehr nicht zu brauchen.

Und er hat nicht auf sich selbst aufmerksam gemacht, indem er in der Kunst mehr weggelassen hätte, als er braucht.

Seit fünfzig Jahren lebt er im tiefen Bayerischen Wald, am Fuße des Lusen.

In einer Welt, in der eher jene im Vordergrund stehen, die mehr weglassen, als sie brauchen (und haben), erfährt man spät von einem Künstler wie Heinz Theuerjahr. Er ist 77 Jahre alt.

Ein Irrtum Gottes

Heinz Theuerjahr lebt im Geist in Afrika, an ihm ist der Menschheit ein Schwarzer verlorengegangen. Seine Vergleichswelt ist negroid. Über ein Gesicht, über das ein echter Weißhäutiger vielleicht sagen würde, es sei zerfurcht von der Zeit, sagt Heinz Theuerjahr »...zerfurcht wie ein Elefantenhintern«.

Die Natur hat das Privileg zu dürfen, was der Künstler nicht darf. Bei Heinz Theuerjahr hört sich das so an: »Einmal habe ich mich einem Bison-Lagerplatz genähert. Ich roch sie schon, sie rochen noch stärker als ich. Und plötzlich: Rings um das Lager standen rosa Gladiolen. Und die Wüste war rot. Und dann das Lila... Das paßt nicht zu Afrika!«

Das Kind im alten Herrn

Heinz Theuerjahr hat, wenn wir einem seiner Freunde glauben dürfen, fünfzig Jahre lang behauptet, den Bayerischen Wald könne man nicht malen. Er hat es zum einen wohl deshalb behauptet, weil so viele Maler glauben, das, was der Natur recht ist, sei ihnen billig, und zum anderen deshalb, weil er, Theuerjahr, den Schlüssel, den »Wald« zu malen, noch nicht gefunden hatte. Vielleicht mußte er erst vierzehnmal nach Afrika reisen, um sich selbst widerlegen zu können.

Unlängst, als er neue Blätter ausbreitete, war da eines mit dem Titel »Waldhäuser«, das ist der Ort, in dem Zenzi und Heinz Theuerjahr leben: ein paar Hügellinien, ein paar hingewürfelte ziegelrote Dachgevierte, ein paar Farbkontraste am Himmel – das Kind im alten Herrn hatte offenbar den Schlüssel aus dem Unterholz des Bayerischen Waldes geklaubt und ihn dem Meister zugeworfen, und es scheint, als höre man in diesem Bild das Kind in die Hände klatschen, weil dieser den Schlüssel auffing. Zweifelsohne, das ist, auf das Heiter-Einfachste gebracht, der Bayerische Wald. Wer auch den Thüringer Wald kennt, seine schiefergedeckten, schieferverkleideten Häuser, ihre Anordnung usw., der wird den Kontrast spüren.

Das noch Einfachere, noch Lapidarere, noch Durchsichtigere und der Kinderseele in uns Nähere – das ist der jüngste Heinz Theuerjahr. Betrachten Sie das Bild »Liegendes Tier«: eine Art gemalten Pappstreifens, gefaltet von einem Kind. Aber es ist eben nicht von einem Kind gefaltet, sondern von einem Meister, der hunderte oder tausende liegende Tiere geformt und gezeichnet hat. Hier liegt kein bestimmtes Tier, sondern wir begegnen der Aura eines liegenden Tieres. Sie entfaltet sich in uns. Auf dem Papier findet unsere Phantasie das, was dafür notwendig ist.

Verneigung vor der Kreatur

Das »Liegende Tier« liegt genau auf Theuerjahrs künstlerischem Pfad.

Verfolgt man ihn zurück, stößt man auf Blätter wie »Auffliegende Vögel«, 1972, oder auf die Skulptur »Laufender Affe«, 1962. Auch hier geht es Theuerjahr nicht um bestimmte Vögel oder eine bestimmte Spezies Affe, sondern um die Kreatur in ihnen, um ihr Sein, ihr Da-Sein und Verurteiltsein zu unserer Gegenwart. Der »Laufende Affe« streift mit dem Nackenfell jene Grenze, über der das menschliche Selbst-Bewußtsein thront, sich höher aufzurichten, ist ihm jedoch versagt; diese Skulptur ist ganz Ausdruck des Loses, sich seiner selbst nie bewußt zu werden, nie bewußt werden zu dürfen oder nie bewußt werden zu müssen – je nachdem, wie man es sieht. Die »Auffliegenden Vögel« stieben auseinander – sie sind auch fliehende Vögel, flehende Vögel, gekreuzigte Vögel.

Perspektive

Heinz Theuerjahrs Herz verbittet sich ein fünfzehntes Mal Afrika. Er aber verbittet sich von einem Hohlmuskel jede Einmischung in die Kunst. Deshalb wird er auch nach dem Weg nach Eichstätt auf dem Weg sein.

Eröffnung

Zur Zeit hat Heinz Theuerjahr einen ziemlichen Verschleiß an Gold. Das werde ich ihm jetzt liefern, indem ich schweige.

Auch dies ist mein Land

Verleihung des Kulturpreises Ostbayern
am 20. Dezember 1989 in Schwandorf

Einige Zeit nach unserer Übersiedlung aus der DDR 1977 schrieb ich das Gedicht »Ich bin angekommen«:

Ich bin angekommen

Lange ließ ich auf nachricht
euch warten

Doch ich bin angekommen

Auch dies ist mein land

Ich finde den lichtschalter schon
im dunkeln

Noch neun Jahre später wurde mir dieses Gedicht in einem Interview vorgehalten. »Einige Kollegen nehmen Ihnen übel«, hieß es da, »daß Sie sich in der Bundesrepublik als ›angekommen‹ empfinden.«

Ein Deutscher sagt von einem Teil Deutschlands, auch dies sei sein Land. Worin besteht da die Sünde? Sie besteht darin, daß er es von *diesem* Teil Deutschlands sagt. In diesem Teil Deutschlands hat man nicht nach dem Lichtschalter zu suchen, sondern die Drähte kurzzuschließen. Zumindest nach Meinung mancher, die gern bestimmen würden, was zur Nacht gehört.

Ist denn das, was wir haben, Demokratie, fragen sie, so sie überhaupt noch mit jemandem sprechen, der nicht bereit ist einzustimmen.

In einem Kommentar des österreichischen Nachrichtenmagazins »Profil« antwortete Peter M. Lingen auf diese Frage: »Ja, zum Teufel noch einmal, ja. Es ist eine nicht sehr gefestigte, eine verbesserungswürdige, eine in neue Bereiche voranzutreibende, mit einem Wort eine höchst unvollkommene Demokratie. Meine Eltern haben sich dafür einsperren lassen, daß sie versuchten, in der...Zeit des Dritten Reiches für diese Demokratie zu kämpfen. Wenn meine Mutter aus ihrer Baracke auf den Kirchturm von Auschwitz geschaut hat – zweieinhalb Jahre zwischen Leichen –, dann hat sie von dieser Demokratie, von diesen ›lächerlichen‹ bürgerlichen Freiheiten geträumt, die wir geringschätzig mit Fragezeichen versehen. Der wirkliche Faschismus, der, von denen Leute, die solche Fragezeichen setzen, keine Ahnung haben, hat genauso begonnen: mit Geringschätzung, mit dem Lächerlichmachen und der Herabwürdigung der unvollkommenen Demokratie, die ihm voranging.«

Gewissen haben

Verleihung
des Herbert-und-Elsbeth-Weichmann-Preises
am 10. November 1990 in Bremen

»Werden wir künftig bloß noch Literatur anbieten, Poesie, oder werden wir erneut in größerem Maße Gesellschaftskritiker sein dürfen oder sein müssen – und das hieße doch wieder: Gewissen sein?!« So fragte mit Blick auf das vereinigte Deutschland ein Ostberliner Kollege.

Was für eine Aussage für einen Schriftsteller: »…bloß noch Literatur…, Poesie«! Und was für ein Gegensatz: »Literatur anbieten…oder Gewissen sein«!

Der Gewissensakt des Künstlers ist das Kunstwerk.

Selbstverständlich gibt es auch das Engagement des Künstlers außerhalb der Kunst.

Willi Rom, Oberstleutnant a.D. des sowjetischen Geheimdienstes, wohnhaft in Berlin, sagte im April 1990 einem westdeutschen Reporter: »Die Partei, die ist noch da. Die KPD hat unter viel schwierigeren Umständen gekämpft. Sie hat nie aufgegeben. Sie gibt vielleicht ihren Namen auf, heißt SED oder PDS, aber sie gibt nie ihr Ziel auf… Warten Sie ab. Das, was hier in der DDR passiert, ist noch lange nicht fertig… Der Weg wird lang, wenn man Fehler macht. Die SED hat Fehler gemacht. Aber das Ziel erreichen wir. Die darauf hoffen, daß der Kommunismus am Ende ist, hoffen vergebens.« Stalin habe, so Rom, nichts anderes getan, als kommunistische Politik durchgesetzt, und wenn man kommunistische Politik durchsetzt, heiße das eben: Feuer!, da könne man nicht fragen, ob einer schuldig ist oder nicht.

Hier müßten einem Intellektuellen eigentlich die Worte Hannah Arendts in den Sinn kommen, die schrieb: »Die Gaskammern des Dritten Reiches und die Konzentrationslager der Sowjetunion haben die Kontinuität abendländischer Geschichte unterbrochen, weil niemand im Ernst die Verantwortung für sie übernehmen kann.« Statt einer Gewissensfront gegenüber dieser Partei sehe ich jedoch eine Reihe derer, die glauben, Gewissen nicht nur haben, sondern sein zu müssen, im Schulterschluß mit ihr. Sie erklären – so geschehen bei einer Diskussion in der Ostberliner Akademie der Künste –, daß nun wohl nichts anderes bleibe, als das sozialistische Potential der DDR als »subversives Element…in irgendein blödes Gesamtdeutschland« einzubringen.

Der zu Beginn erwähnte Kollege fragte, ob man auch künftig werde »Gewissen sein« dürfen, was besagt, daß man es in der DDR gewesen ist. Wessen Gewissen? Der Literatur, der Poesie? In der Ausnahme – gewiß, aber doch wohl nur in der Ausnahme. Oder das Gewissen des Volkes, vielleicht sogar der Verfolgten? Diese pflegen ihr Gewissen nicht an andere zu delegieren, sondern haben es gern in der Obhut des eigenen Rückgrats.

Das unersetzbare Gedicht

Verleihung des Hanns-Martin-Schleyer-Preises
am 14. Mai 1991 in Dresden

Lassen Sie mich meiner Rede bitte ein Medaillon über das Dasein als Schriftsteller voranstellen.

Als wir zu Beginn der sechziger Jahre nach Greiz in Thüringen gezogen waren, sagte eines Morgens die Briefträgerin: »Was die Leute so reden, Herr Kunze.« Sie wollte sich nicht nur der Post entledigen, und ich ermutigte sie.

»Sie hätten eine so tüchtige Frau«, sagte sie.

»Stimmt«, sagte ich.

»Jeden Morgen halb sieben geht Ihre Frau auf Arbeit, und sie bleiben zu Haus.«

»Stimmt auch«, sagte ich.

»Sie müßten doch von etwas leben!«

Auch das stimmte.

Mit anderen Worten: Mein Ansehen bei den Nachbarinnen war denkbar gering. (Es besserte sich mit den Jahren, als ausnahmslos ich die Fenster putzte.)

Was die Briefträgerin nicht wußte, und was noch heute gilt: Meine Unabhängigkeit als Schriftsteller verdanke ich der Kameradschaft meiner Frau.

Das unersetzbare Gedicht
Eine Anthologie, herausgegeben in Form einer Rede

Christine Busta
Die Wasseramsel

Nur einmal
hat sich die Wasseramsel gezeigt.
Es strahlte
das Weiß an ihrer Brust.
Wo sie hinabgetaucht ist,
kann uns der Fluß
nie wieder dunkel werden.

Wo ein Gedicht wie dieses in uns hinabgetaucht ist, kann uns die Seele nie wieder dunkel werden.

Guillaume Apollinaire
Aus: Zone

Eiffelturm Hirt der Brücken hör wie sie blökt heute
früh deine Herde

Welch eine Intensität der Wahrnehmung – der Eiffelturm ein Hirt, die Brücken des morgendlichen Paris eine blökende Herde! Das Unüberschaubargewordene, die riesige Großstadt, wird samt Aufbruch aus dem nächtlichen Pferch, samt Herdenhaftem und Scheinbehütetsein in einem einzigen Bild in unsere Vorstellung geholt.

Juan Rámon Jiménez
Nocturne

STERNE, SÜSSE STERNE,
traurige, ferne Sterne.
Seid ihr Augen von toten Freunden?
– Ihr blickt so starr! –
Seid ihr Augen von toten Freunden,
die der Erde gedenken
– ach, Lichtblumen der Seele! –
bei Einzug des Frühlings?

Uns der eigenen Vergänglichkeit erinnernd, schaudert uns: die starr blickenden Sterne – Augen von toten Freunden, die der Erde gedenken bei Einzug des Frühlings… Ein Schauder, der dem Leben in die Arme treibt.

Ernst Jandl

vater komm erzähl vom krieg
vater komm erzähl wiest eingrückt bist
vater komm erzähl wiest gschossen hast
vater komm erzähl wiest verwundt wordn bist
vater komm erzähl wiest gfallen bist
vater komm erzähl vom krieg

Und noch einmal Jandl:

sommerlied

wir sind die menschen auf den wiesen
bald sind wir menschen unter den wiesen
und werden wiesen und werden wald
das wird ein heiterer landaufenthalt

Stets meint das Gedicht das eine einzige Leben, das jeder hat und das zu leben uns niemand abnehmen kann, weder der Staat noch Gott.

Jan Skácel
Kleine bahnhöfe

Gegenden gibt's, da winken die kinder
den zügen noch.

Immer ist in uns ein hauch von traurigkeit
auf kleinen bahnhöfen,
wo niemand wartet.

Plötzlich ist in uns die weiße seele
des holunderbaums,
plötzlich ist in uns zuviel vom menschen.

Das Gedicht ist Fassung des erlebten Augenblicks und verleiht ihm Dauer.

Ilse Aichinger
Briefwechsel

Wenn die Post nachts käme
und der Mond
schöbe die Kränkungen
unter die Tür:
Sie erschienen wie Engel
in ihren weißen Gewändern
und stünden still im Flur.

Wenn der junge Mensch von Gefühlen überwältigt wird, versucht er nicht selten, ein Gedicht zu schreiben. Der Text trägt dann meist nur die äußeren Merkmale eines Gedichts – er entbehrt jedes originären poetischen Einfalls –, aber das Mädchen oder der Junge spüren, daß sich das, was in ihnen vorgeht, nur im Gedicht sagen ließe. Und sie halten ihre Verse geheim, denn sie ahnen auch: Ein Gedicht zu schreiben heißt, sich auszuliefern.

An keinem Ort ist der Dichter ungeschützter als im Gedicht.

Das Gedicht ist der äußerste Punkt eines Zugehens auf Menschen.

Else Lasker-Schüler
Aus: Meine Mutter

Wäre mein Lächeln nicht versunken im Antlitz,
ich würde es über ihr Grab hängen.

Wer mit solchen Bildern lebt, wem auch nur bewußt wird, daß es Vorstellungen gibt wie »ein Lächeln über ein Grab hängen«, dessen Empfindsamkeit eröffnen sich nie gekannte Bereiche.

Sarah Kirsch
Aus: Wiepersdorf

Dieser Abend, Bettina, es ist
Alles beim alten. Immer
Sind wir allein, wenn wir Königen schreiben
Denen des Herzens und jenen
Des Staats. Und noch
Erschrickt unser Herz
Wenn auf der anderen Seite des Hauses
Ein Wagen zu hören ist.

Mit »Dieser Abend, Bettina« überbrückt Sarah Kirsch mehr als ein Jahrhundert und projiziert über diese Entfernung hinweg zwei Einsamkeiten aufeinander, die eigene und die der Bettina von Arnim. Nicht nur der Ort, Schloß Wiepersdorf, verbindet: »Immer / Sind wir allein, wenn wir den Königen schreiben / Denen des Herzens und jenen / Des Staats.«

Und das verbindet nicht nur, es verbündet.

»Und noch / Erschrickt unser Herz / Wenn auf der anderen Seite des Hauses / Ein Wagen zu hören ist.« Hier berührt das Gedicht zudem die Einsamkeit all derer, die sehnsüchtig hoffen oder gehofft haben, die oder der eine werde plötzlich in der Tür stehen, und die Einsamkeit jener, die zu Zeiten politischer Diktatur bei jedem Anhalten eines Autos unter dem Fenster aufgeschreckt sind – die Einsamkeit der

Nadeshda Mandelstam, nachdem sie Ossip verhaftet hatten, oder der Gertrud Kolmar vor ihrer Verschleppung aus Berlin 1943.

Sarah Kirsch
Aus: Trauriger Tag

Ich bin ein Tiger im Regen
Wasser scheitelt mir das Fell
Tropfen tropfen in die Augen

Ich schlurfe langsam, schleudre Pfoten
die Friedrichstraße entlang
und bin im Regen abgebrannt

Ich hau mich durch Autos bei Rot
geh ins Café um Magenbitter
freß die Kapelle und schaukle fort

...

Aber es regnet den siebten Tag
Da bin ich bös bis in die Wimpern

Ich fauche mir die Straße leer
und setz mich unter ehrliche Möwen

Die sehen alle nach links in die Spree

Und wenn ich gewaltiger Tiger heule
verstehn sie: ich meine es müßte hier
noch andere Tiger geben

In keiner literarischen Ausdrucksform spricht das Ich so ausschließlich und so ausschließlich originär, also in nur eigenen Metaphern und Schlüssen von sich selbst wie im Gedicht, und nirgendwo sonst nimmt der Seelenzustand des Einzelnen so unmittelbar literarische Gestalt an – im Extremfall die eines gewaltigen Tigers im Regen, der Magenbitter trinkt und nach anderen Tigern heult.

Antonio Machado
Im Meer der Fraun

Im Meer der Fraun
scheitern wenige bei Nacht,
viele im Morgengraun.

Ernst Jandl
liegen, bei dir

ich liege bei dir, deine arme
halten mich. deine arme
halten mehr als ich bin.
deine arme halten, was ich bin
wenn ich bei dir liege und
deine arme mich halten.

Das Gedicht ist stets auf existentielle Wahrheit aus, denn der poetische Einfall, der aus dem Unbewußten aufsteigt, ist ein Überlebensakt. Unser Unbewußtes weiß bekanntlich mehr als wir und vergleicht ständig unsere Eindrücke mit dem, was dem Bewußtsein entfallen oder nie in ihm aufgeschienen, an Menschheitserfahrungen aber in uns ist. Dem Bewußtsein einen Bildeinfall zuzuspielen, der nicht in irgendeiner Weise von existentiellem Belang ist, hätte das Unbewußte keinen Grund, und wenn es für die Gattung Mensch überhaupt verzichtbar wäre, sich der Welt über Bildvorstellungen zu vergewissern, gäbe es kein Bilddenken, und der Dichter wäre der Natur nicht eingefallen.

Wären die beiden Gedichte von Machado und Jandl schon immer auf der Welt gewesen und würden sie nicht irgendwann vergessen werden – sie wären als gültig empfunden worden von Anbeginn und würden als gültig empfunden werden bis ans Ende der Menschheit.

Indem der Leser im Roman oder in der Erzählung auf die vom Autor erdachten Gestalten und Geschehnisse trifft, im Gedicht dagegen auf die innere Wirklichkeit des Autors selbst, genauer: auf das, was an dieser inneren Wirklichkeit von existentiellem Interesse ist – auch in der Poesie ist die Persönlichkeit, die hinter dem Werk eines Künstlers sichtbar wird, nicht mit dessen von ungezählten Belanglosigkeiten behafteter tatsächlicher Persönlichkeit identisch (kein Dichter denkt die meiste Zeit seines Lebens in dichterischen Bildern) –, wird das Gedicht zu einem Ort mehr oder weniger unmittelbarer seelischer Begegnung, zum Ort der Begegnung zweier Ichs, und das Risiko trägt vor allem der Dichter, denn der Leser bleibt anonym.

Das Gedicht ist das extreme Gegenteil von Vermummung, es zeigt nicht nur das Gesicht, sondern gewährt Einblick *in* den Menschen.

Das Gedicht ist eine Gegenwirklichkeit zur Waffe.

Indem der Dichter im Gedicht die inneren Entfernungen bis zur Schutzlosigkeit verringert, ermutigt er den Leser, seinerseits innere Entfernungen aufzugeben.

Das Gedicht hebt Einsamkeit auf und bewahrt vor Vereinsamung. In einem Gedicht Else Lasker-Schülers heißt es:

Ich habe zu Hause ein blaues Klavier…
Es steht im Dunkel der Kellertür,
Seitdem die Welt verrohte…

Alles, was die Empfindsamkeit steigert, schwächt die Fähigkeit, brutal zu sein. Gedicht und Verrohung schließen einander aus (ich spreche von Dichtung, nicht von in Verse gekleideten vorgegebenen Ideen, die Stiefel tragen).

Ebenso schließen Gedicht und Lüge einander aus; nicht weil der Dichter ein besonders ehrlicher Mensch wäre – er ist hoffentlich so ehrlich wie jeder andere ehrliche Mensch auch –, sondern weil der poetische Einfall kein taktisches Kalkül kennt und der Dichter nicht gegen die dem Einfall innewohnende Konsequenz dichten kann, ohne das Bild oder das Paradoxon zu zerstören. Apollinaire: »Die Dichter [ich füge ein: und Dichterinnen] sind nicht nur die Männer [und Frauen] des Schönen. Sie sind auch und vor allem die Männer [und Frauen] des Wahren, soweit es das Eindringen ins Unbekannte erlaubt.« Natürlich muß der Dichter, wie es in einem Brief Hölderlins heißt, »oft etwas Unwahres und Widersprechendes sagen, das sich aber…im Ganzen, worin es als etwas *Vergängliches* gesagt ist, in *Wahrheit* und Harmonie auflösen muß«.

Alles Originäre wirkt der Geringschätzigkeit des Individuums, wirkt seiner Negation entgegen. Im Gedicht tritt die Unwiederholbarkeit des einzelnen Menschen in unwiederholbarer Brechung zutage.

Das Gedicht ist antiautoritär in seinem *Wesen*, also unabhängig davon, wovon es spricht. Was nicht heißt, es könne nicht auch direkt politisch anklagen oder Diktatur und Demokratie zum Thema erheben. Anklagenderes wider den totalitären Staat als in dem Zweizeiler »Was zu sagen wäre« von György Petri habe ich kaum gelesen:

Mein Blick fällt auf die Schuhe. Schnürsenkel darin.
Das hier ist kein Gefängnis, nein, das kann nicht sein.

Und ich kenne keinen utopischeren und zugleich vorwärtsweisenderen, da auf uns selbst verweisenden Entwurf eines freiheitlichen Gemeinwesens als René Chars Gedicht »Es lebe!«:

Dies Land ist nur ein Wunsch im Geist,
ein Gegen-Grab.

In meinem Land zieht man die zarten Beweise des Frühlings und die dürftig gekleideten Vögel den Fernzielen vor.

Die Wahrheit harrt der Morgenröte neben einer Kerze. Das Fensterglas ist trübe. Was kümmert's den Wachsamen.

In meinem Land stellt man einem Erschütterten keine Frage.

Kein hämischer Schatten fällt auf das gekenterte Boot.

Halbes Willkommen kennt man in meinem Land nicht.

Man leiht nur, was man vermehrt zurückgeben kann.

Blätter, viele Blätter haben die Bäume meines Landes. Den Ästen steht's frei, keine Früchte zu tragen.

Der Redlichkeit des Siegers traut man nicht.

In meinem Land sagt man Dank.

Denken Sie nun aber bitte nicht, ich wüßte nicht auch, wie wenig Menschen das Gedicht zum Leben brauchen. Mein Selbstbewußtsein übersteigt bestimmt nicht das Selbstbewußtsein Günter Eichs:

Günter Eich
Zuversicht

In Saloniki
weiß ich einen, der mich liest,
und in Bad Nauheim.
Das sind schon zwei.

Das, was das Gedicht zu bewirken vermag, ist ein Fast-Nichts.

»Hintermann« Václav Havel

Eröffnung der Buchausstellung
des Börsenvereins des Deutschen Buchhandels
am 2. September 1991 in Prag

Laut Niederschrift vom 7.2.1977 ersuchte das Ministerium für Staatssicherheit der Deutschen Demokratischen Republik die Sicherheitsorgane der Tschechoslowakischen Sozialistischen Republik u.a. um folgende Informationen und Fahndungshilfen (ich zitiere aus einer Originalakte): »Zur Eheschließung des *Kunze* mit seiner Frau Elisabeth: Was ist über das Kennenlernen...zwischen beiden bekannt...? Könnten möglicherweise bei diesem Prozeß Personen eine Rolle spielen, die als ›Hintermänner‹ und Manipulatoren angesehen werden könnten und eventuell Verbindungen zum kapitalistischen Ausland oder zu reaktionären Kräften in der CSSR haben? ... Kontrollmaßnahmen in der CSSR: - Auftragsgemäße Pkw-Such- und Personenkontrolle durch die Grenzorgane der CSSR nach literarischen Schriften und Dokumenten bei Ein- und Ausreise... - Fließende Beobachtung beider nach Einreise über Kontakte und Verbindungsaufnahme... - M [Brief]- und Postzollfahndungskontrolle der Mifkas in der CSSR [der Eltern und der Familie des Bruders meiner Frau]...«

Hintermänner? Ja, es gab sie, und sie waren geborene Reaktionäre, nämlich Dichter.

Indirekt manipulierten sie unser Kennenlernen durch ihre Poesie. Die Grenze zwischen der DDR und der CSSR war damals, im Jahre 1959, noch geschlossen, und meine Briefpartnerin in Aussig an der Elbe übersetzte mir wörtlich Gedichte von Vít Obrtel und Jan Skácel, da ich, wie sie meinte, unbedingt eine Ahnung von ihnen haben müßte. Ich hatte noch nie solche Verse gelesen, und wenn ich damals etwas vom Wesen der Poesie und meiner zukünftigen Frau begriffen haben sollte, verdanke ich es nicht zuletzt ihnen.

Direkt griffen tschechische Dichter ein, als es uns nicht gelingen wollte, die für die Eheschließung mit einem Ausländer erforderliche persönliche Genehmigung des tschechoslowakischen Innenministers zu erhalten. Anhand meiner ersten Übertragungen tschechischer Poesie, die in Berlin erschienen waren, machten sie an höchster Stelle geltend, daß unsere Heirat im nationalen Interesse liege, und das Prager Innenministerium erlag der heimtückischen Argumentation.

Heute, zur Eröffnung dieser Ausstellung, durften wir, meine Frau und ich, in Begleitung von dreitausendvierhundert »literarischen Schriften« in die Tschechoslowakei einreisen, und nach genau dreißig Jahren seit unserer Eheschließung in diesem Land dürfen wir einen der »Hintermänner« unseres Kennenlernens mit »lieber Herr Präsident« ansprechen.

Eitel Idee

Ehrenpromotion an der Fakultät für Sprach- und Literaturwissenschaften der Technischen Universität Dresden am 15. Dezember 1993

Abiturienten stellten mir ihre handschriftlichen Stichwortaufzeichnungen für die mündliche Interpretation des folgenden Gedichts zur Verfügung:

HALLSTADT MIT SCHWARZEM STIFT

Halb hängend am gestein, halb
ins wasser gepfählt

Todüber todunter

Vom fels der abschlägt erzählt
das beinhaus

Im türstock steigt der see auf
und die seelen der ertrunkenen
wohnen über der schwelle

Der bach reißt mauer und mensch
und bleibt im recht, das
beugt

Einer der Schüler notierte: »...Menschen in Regimen ohne Pressefreiheit etc. Sie können nicht sie selbst sein, denn überall lauert die Macht der Regierung. Die Ertrunkenen sind praktisch gerettet. Sie sind frei. Die Bev[ölkerung] wird gebeugt. Bach als Regierung. ›Reißt‹: Expandieren. Na[ch]geben v[on] Mauern und Menschen.«

Ein Sturzbach in Hallstadt, einem Ort in den österreichischen Alpen, dessen Häuser zum Teil an Felswänden hängen oder auf Pfählen über dem See errichtet sind, wird gedeutet als Regierung eines Regimes ohne Pressefreiheit etc.

Ein anderer Schüler schrieb: »Schwelle als Barriere – Der Tote hat die irdischen Konflikte überwunden, wurde frei. Mensch wird gebeugt durch den immer im Recht bleibenden Bach (Staat), der die Menschen nach Belieben trennt, sortiert, bindet (›Mauer‹) – der den Menschen selbst reißt (wie am Zeichenbrett), ihn unterwirft und [ihm] dadurch die Freiheit nimmt, so zu sein, wie man ist, wie es die Natur in einem angelegt hat. Konflikt: Menschsein natürlich - Menschsein nach Ideologie.«

Das Hinabstürzen des Bachs, der Menschen in die Tiefe reißt, wird als Symbol für das Entwerfen von Reißbrettmenschen durch einen totalitären Staat gesehen.

Schließlich ein dritter Schüler: »Hallstadt als Ort der Leere und Kühle, die mit schwarzem Stift aufgesch[rieben] sind. ›Halb...halb‹ - Gegensätze als Symbol für Zweifel (Mensch, der zwischen den Fronten steht). ›...gepfählt‹ - Gewaltsam in Schemen gezwängt. Stein: fest, unnachgiebig, Wasser: umschleicht, paßt sich Umgebung an und...an gegebene, alleingültige Ideale. Der vom Ideal Abgewichene hat keine Chance – Tod als Erlösung. Bach als die Zeit, die alles auslöscht, was Materie (Mauer) und das Leben (Mensch) relativiert und damit die Probleme und Meinungen...als eigentlich unbedeutend zeigt.«

Häuser an einer Felswand oder auf Pfählen über dem See sind »Gegensätze als Symbol für Zweifel«, das Wasser eines Sturzbachs »umschleicht, paßt sich der Umgebung an und...an Ideale«.

Das *Geschaute* wird weggedacht, und statt im Fundus der eigenen Erinnerung Geschautes zu aktivieren, wird versucht, das Bild auf den Begriff zu bringen, und zwar nicht auf irgendeinen Begriff, sondern auf den politischen – und dieser ist meist vorgefaßt. Die vermeintliche politische »Aussage« ist für viele das einzig Kommensurable an einem Gedicht und damit alleiniges Kriterium, nach dem sie Poesie zu beurteilen vermögen…

Der Lehrer dieser Schüler äußerte sich zu einem anderen Gedicht, das »Dauerregen über Passau« heißt. Es beginnt:

Vom himmel stürzt der vierte fluß
und die kuppeln des doms sind grün von tang

Dazu der Lehrer: »In der Bildstruktur des Textes kehrt das Hoffnungsmotiv…nicht nur in Gestalt der Farbe Grün wieder.« Die Stadt, an deren Ortsspitze drei Flüsse ineinandermünden, wird von einem solchen Dauerregen heimgesucht, daß der Grünspan am Kuppelkupfer des Doms bereits die Assoziation »Tang« hervorruft. Eine Überschwemmungskatastrophe kündigt sich an. Dieses Tanggrün gilt dem Lehrer als »Hoffnungsmotiv«. Und: Nicht im Text, sondern in der Struktur des Textes kehrt das Hoffnungsmotiv wieder, und es hat die Gestalt der Farbe Grün. Grün ist also nicht Grün, sondern die Gestalt eines Motivs, das in einer Struktur wiederkehrt. Der Lehrer weiter: »Eines der bekanntesten Kirchenlieder der Adventszeit beginnt mit den Worten ›Tauet Himmel der Gerechten, Wolken, regnet ihn herab‹. Aus dem skizzierten Zusammenhang ergibt sich eine interessante Perspektive für die Deutung des Gedichts ›Dauerregen über Passau‹: Das Motiv des Regens könnte mit dem Römerbrief in Verbindung gebracht werden.« Dauerregen ist nicht Dauerregen, und Dauerregen über Passau nicht Dauerregen über einer vom Hochwasser bedrohten Stadt, sondern ein »Erlösungsmotiv«. Auch der Lehrer bringt das Geschaute auf den Begriff, allerdings nicht auf den politischen, sondern auf den religiösen.

Man könnte meinen, die Aufgabe habe gelautet, die Parodie einer Interpretation zu verfassen, und Schüler und Lehrer hätten sich gemeinsam darin versucht.

Aus der mit Lob bedachten Studienarbeit eines Lehramtskandidaten geht hervor, was sein Professor von ihm erwartete. Im »praktischen Teil« der Arbeit, in dem eine Unterrichtsstunde für Schüler der elften Klasse entworfen wird, heißt es: »1.1. *Lehrdarstellung: Kombination Sozialkunde CuLP 6.9 + Deutsch CuLP 4.2 ›Staatsform der DDR‹ + ›Lyrisches Gedicht‹.* 1.1.1 *Vorbemerkungen (Mit didaktischer Reduktion)* Üblicherweise versteht man unter Lyrik die Welt des Dichters, in der er seine Gedanken und Gefühle ausdrückt und sich bestimmter Stilmittel wie Rhythmik, Metrik und dem Vers bedient... Moderne Lyriker gestalten ihr Werk meist formfrei (also ohne Reim und Metrik) und sehr vieldeutig... Größte Bedeutung erhält die Aufgabe, den politischen Inhalt dieses Gedichtes herauszuarbeiten.«

Eine poesiefremdere Zielsetzung unter abwegigeren poetologischen Prämissen ist kaum denkbar (Lyrik als Ausdruck der Gedanken und Gefühle des Dichters mittels *Stil*mitteln wie Rhythmik, also der Lehre vom Rhythmus, Metrik, der Lehre vom Vers, und Vers; moderne Lyrik als *formfreier* Ausdruck, da ohne Reim usw.)...

Das Übel ist alt. Wenn wir Eckermann glauben dürfen, sagte Goethe über die Deutschen: »Sie machen sich durch ihre tiefen Gedanken und Ideen, die sie überall suchen und hineinlegen, das Leben schwerer als billig. Ei, so habt doch endlich einmal die Courage, euch den Eindrücken hinzugeben, euch ergötzen zu lassen, euch rühren zu lassen, ja auch belehren und zu etwas Großem entflammen zu lassen; aber denkt nur nicht immer, alles wäre eitel, wenn es nicht irgend abstrakter Gedanke und Idee wäre!«

Zusammenleben mit »Österreich 1«

»Österreich 1 ›Das Fest‹«
am 12. September 1994 in Wien

Um innenpolitisch informiert zu sein – wir haben weder Fernsehen, noch halten wir eine Tageszeitung –, hören wir einen deutschen Sender, und um die Chance zu vergrößern, das an Musik zu finden, wonach uns jeweils der Sinn steht, bedienen wir uns eines Klassik-Programms. Den Sender »Österreich 1« jedoch hören wir nicht nur, noch bedienen wir uns seiner, sondern mit ihm leben wir zusammen.

Das hat ebenso persönliche wie von meinem Beruf als Schriftsteller und von bestimmten politischen Begleitumständen unabhängige Gründe.

Am 27. Januar 1988 sagte in der Sendung »Von Tag zu Tag« der Kulturminister der DDR, Herr Hoffmann: »...wir...haben niemanden aus dem Land getrieben!« Frau Coudenhove-Kalergi unterbrach ihn und sagte: »Na, den Biermann haben Sie schon aus dem Land getrieben!« Wissen Sie, wie selten es war, daß einem Mann wie diesem in einem Interview im Westen widersprochen wurde – noch dazu in meiner Sprache? Der Schweizer Schriftsteller Gerhard Meier sagte in einem Gespräch mit Ihrem Sender: »Mit anzuschauen, wie insbesondere die westliche Intelligenz sich durch Ideologien oder besonders durch eine – wir brauchen sie ja nicht zu nennen – einschränken läßt,...das ist für mich unbegreiflich... Wenn die westliche Intelligenz die Rechnung begleichen muß, also vergüten und zurückzahlen muß, was sie verdorben hat, dann Gnade ihr Gott!« Von diesem Jüngsten Gericht, das nie kommen wird, hätte wohl auch der eine oder andere im ORF einiges zu befürchten.

Für uns, meine Frau und mich, ist Österreich 1 jedoch der Sender, von dem wir uns in den siebzehn Jahren, die wir hier im Westen leben, politisch am wenigsten verlassen und am verläßlichsten vertreten gefühlt haben.

Im Oktober 1983, ein Jahr nach Erscheinen einer deutschen Gedichtauswahl des mährischen Autors Jan Skácel, warf das Literaturmagazin Ihres Senders die Frage auf, warum Gedichte solchen Ranges hier so ohne Ruhm blieben. Wissen Sie, wie selten es war, daß poetische Qualität zum Anlaß genommen wurde, über das eigene Literaturverständnis nachzudenken? Literatur wurde vorwiegend unter ideologischen Gesichtspunkten beurteilt. Gerhard Meier sagte in dem erwähnten Gespräch: »...die Ignoranz des Ästhetischen... Das ist eine Sünde, wie Ignoranz des Geistes.« Dank der Fürsprache Peter Handkes erhielt Jan Skácel 1989 einen deutschen Literaturpreis, und eben jener Lyrikband, den Österreich 1 schon sechs Jahre zuvor entdeckt hatte, rückte über Nacht auf Platz 1 einer deutschen Bestenliste, und nahezu alle angesehenen Feuilletons begannen, die Gedichte zu rühmen. Österreich 1 hat sich, soweit wir das beurteilen können, der Ignoranz des Ästhetischen nicht schuldig gemacht.

Die Mitarbeiterinnen und Mitarbeiter des ORF, die wir über die Jahre persönlich kennenlernten, sind, so scheint es uns, dem Sender »aus dem Gesicht geschnitten«, und so war es fast unvermeidlich, daß ausgesprochen herzliche Beziehungen zu Ihrem Haus entstanden und Freundschaften um Ihr Haus herum. Ich werde keinen Namen von Lebenden nennen, aber die Erinnerung an drei Verstorbene wachzurufen, denen wir unvergeßliche Begegnungen verdanken, sei erlaubt: Heinz Fischer-Karwin, Peter Wehle und Hans Weigel.

Doch auch wenn es diese persönlichen Konstellationen nicht gäbe, müßte ich von einem *Zusammenleben* mit Ihrem Sender sprechen. Heinz Janisch stellte in einem »Menschenbild« die im mährischen Iglau geborene, heute fünfundsiebzigjährige Lehrerin Hilde Wittenberger vor. Sie erzählt, wie sie 1945 von Tschechen verhaftet wird, ins Gefängnis kommt und beim Reinigen eines Kasernenraums auf dem Fußboden kniet, scharf beobachtet von einem Offizier. Plötzlich fragt dieser sie: »Wissen Sie, wer Sie verhaftet hat?« – »Nein«, sagt sie, »ich weiß auch nicht, warum.« Darauf er: »Ich war's.« O-Ton der alten Dame: »Sag' ich: Oh, was habe ich Ihnen getan? – Sie haben mir nichts getan, gar nichts, aber eine deutsche Lehrerin hat mich ins Konzentrationslager gebracht, und ich habe mir geschworen, wenn ich gesund aus dem KZ herauskomme, dann büßt die erste deutsche Lehrerin, der ich begegne, dafür, daß ich im KZ war… Sag' ich, ach, ich habe Ihnen doch nichts getan. – Nein, Sie haben mir nichts getan, aber ich war so von Haß erfüllt, das können Sie sich nicht vorstellen, und die erste deutsche Lehrerin, der ich begegnete, das waren Sie. Ich will Ihnen jetzt eines sagen: Es tut mir leid, daß ich das getan habe. Können Sie mir verzeihen? – Von Herzen gern, hab' ich gesagt, ich verzeihe Ihnen. Was wäre, wenn wir nicht verzeihen könnten! Sehen Sie, Haß erzeugt Gegenhaß, und so ginge das immer weiter. – Er stand auf, er hat mich umarmt und gesagt: Mein Gewissen ist jetzt beruhigt. Morgen bringe ich meine Frau und meine Kinder, ihnen müssen Sie das auch versprechen.«

Sich einer Sendung wie dieser zuzuwenden heißt, sich Menschen zuzuwenden, und was ist das anderes als ein Akt des Zusammenlebens?

Gewiß wird jeder demokratisch verfaßte Rundfunk für sich in Anspruch nehmen, vornehmlich Signale wie diese auszustrahlen, aber ich kenne keinen Sender, in dessen Programm mir der Mensch so unmittelbar entgegenträte, so sich öffnete und sein Inneres auf einem solchen Niveau offenbarte wie im Programm von Österreich 1. Zum einen steht in Ihrem Sender öfter als anderswo der Einzelne im Mittelpunkt – ich denke dabei nicht nur an die Sendereihe »Menschenbilder«, wenn diese auch ein Beispiel par excellence ist, oder an eine so kostbar-köstliche Wort- und Musiksendung wie die »Opernwerkstatt«, sondern meine das Gros der Sendungen –, und zum anderen hat das, was den Menschen zum Menschen macht, daß er nämlich differenziert zu denken und sich, zumindest in der Ausnahme, ebenso differenziert mitzuteilen vermag und lachen und weinen kann, in Ihrem Sender noch jene Chancen, die andernorts mehr und mehr einer angeblich zeitgemäßen Auffassung von Hörfunk (die Einschaltquote als höchstes Kriterium für journalistische Effektivität) oder der Notwendigkeit geopfert werden, Gewinn zu erzielen (die Einschaltquote als höchstes Kriterium für Werbeattraktivität). In Wortbeiträgen von maximal zweieinhalb Minuten kann aber weder ein Mensch sich aussprechen noch ein Geschehen so dargestellt werden, daß es nacherlebbar wird. Wollte man das, was die Iglauer Lehrerin erzählt, auf zweieinhalb Minuten zusammenschneiden, bliebe möglicherweise noch das Signal, aber niemanden würde es mehr bewegen.

Doch schon die Dauer des einzelnen Beitrags und die Tatsache, daß man die Wort- und Musiksendungen, die Österreich 1 prägen, nicht nebenbei hören kann, machen es notwendig, mich auf eine Sendung so einzurichten, als empfinge ich einen Menschen.

Als angenehm empfinden wir dabei, daß Ihr Sender Wert auf Form legt – vermutlich eine k.u.k. Ribonukleinsäure in seinen Genen. Ein Zeitgenosse sagte, wenn er schon keinen Sinn mehr im Leben sehen könne, wolle er ihm wenigstens eine Form geben. Sinn verlangt erst recht nach Form.

Sollte man Österreich 1 nachsagen, der Sender sei altmodisch, so lassen Sie sich bitte nicht irritieren – er ist so altmodisch wie der Mensch. Das aber, was den Menschen zum Menschen macht, ist noch immer das Ur-Meter aller Modernität.

Ich wünsche Österreich 1 einen Sendemast im Weltall.

Die Bücher der anderen

Eröffnung der Leipziger Buchmesse
am 22. März 1995

Vor sechsunddreißig Jahren empfing ich hier in Leipzig eine Postkarte aus Ústí nad Labem (Aussig an der Elbe), die eine Korrespondenz von über vierhundert Briefen auslöste. Die Absenderin der Karte, später meine Frau, war zweisprachig aufgewachsen und übersetzte mir aus dem Tschechischen Wort für Wort Gedichte.

In einem Gedicht von Vít Obrtel war von einem Mann die Rede, der im Garten im Liegestuhl liegt und seiner Müdigkeit ein wenig nachgegeben hat. Nicht, daß er eingeschlafen wäre, das Wort »Schlaf« würde den Zustand des Mannes um Lichtjahre verfehlen. Der Dichter sagt von ihm: »Vielleicht weckt ihn das rotwerden der vogelbeeren nicht.« Eine Verletzbarkeit wie diese hatte bis dahin außerhalb meines Vorstellungsvermögens gelegen.

Meine Briefpartnerin schickte mir Auszüge aus dem Prosagedicht »Ich kehre dorthin zurück« von František Halas, einem Mährer, der das Gedicht 1939 im besetzten Prag schrieb, und ich hielt den Atem an. »Still! Noch etwas! Das picken der hühner ist bis hierher zu hören, bis hierher in diesen steinhaufen. Das gras weint, irgendwo weint bei uns das gras, wenn der morgen aufersteht. Ich kehre dorthin zurück! ... Das geheimnis, sich bei meinen feldern und wäldern einzuschmeicheln, verrate ich euch aber nicht. Glaubt ihr denn, die springfrösche säubern die quellen für jeden? Ein kinderherz haben, das ist es, ein kinderherz! ... Ich kehre zurück, ich kehre dorthin zurück! ... Möge die erde ins leere fliegen, möge sie nur fliegen, wenn nur die sicherheit eines einzigen ortes bleibt, des letzten ortes für das grab. Ich will es dort haben, nur dort bei uns. Wenn mir nur die augen zum weinen bleiben, ich kehre dorthin zurück, noch blind kehre ich dorthin zurück.«

Das Gedicht »Oktober« von Vladimír Holan würde ich, dessen war ich mir sicher, nie mehr vergessen, auch wenn ich seine ganze Wahrheit erst mit den Jahren erfassen sollte.

Oktober

Die luft ist so durchsichtig, daß sie jede ähnlichkeit
ausschließt... Auch der doppelgänger lehnt es ab,
mit dem trugbild zu bezeugen, daß wir leben...
Die unsichtbarkeit steigert sich zu solcher raserei,
daß wir einfach die augen schließen...
Guter wein ist sich selbst genug...Kunst auch.

Wie Brief um Brief die Frau, mit der ich korrespondierte, öffnete für mich die tschechische Poesie Vers um Vers die Augen, und beider Blick traf mich voll in die Brust.

Ich begann die Bücher der Tschechen zu lesen, soweit ich ihrer in deutscher Sprache habhaft werden konnte (von den Slowaken gab es, wenn ich mich recht entsinne, noch keines). Ich fand einige mir verborgen gewesene Čapeks und las von neuem »Die Abenteuer des braven Soldaten Schwejk« (»...ein schwieriges Buch«, schrieb Willy Haas, »in dem alles auf Messers Schneide balanciert«). Die große Entdeckung damals aber war Vladislav Vančuras Roman »Der Bäcker Jan Marhoul« in der Übersetzung von Peter Pont, die sich wie ein deutsches Original las. Über den auf dem Tod liegenden Bäcker heißt es: »Da bewegte sich der Kranke ein wenig... Schaufel und Rührkeule hatten der Hand das Mal der Schwere aufgedrückt, so daß die Finger halb gekrümmt waren und die Hand an eine Muschel erinnerte, aus der man die Perlen gestohlen hatte.«

1960 flog ich mit einer der ersten offiziell erlaubten Reisebürogruppen in die Tschechoslowakei. Sie werden Verständnis dafür haben, daß ich, auch wenn ich eine doppelte Liebesgeschichte erzähle, weil sich die eine ohne die andere nicht erzählen läßt, zur Eröffnung der Buchmesse nicht von der Wirklichkeit hinter den Briefen berichte, der ich nach der Landung in Prag erstmals gegenüberstand (wir sind noch immer miteinander verheiratet), sondern von der Wirklichkeit hinter den Büchern und dem Buch in ihr.

In Aussig gab es ein Theater der Poesie, in dem ein nichtprofessionelles Ensemble unter künstlerischer Leitung Poesie abendfüllend auf die Bühne brachte. Bei den Aufführungen, die wir miterlebten, war das Theater überfüllt. Von diesen Poesiebühnen existierten landesweit über fünfhundert. Selbstverständlich war das eine vom Staat gelenkte und ideologisch instrumentalisierte volkskünstlerische Bewegung, nur – warum waren es Theater der *Poesie*?

Da meine Frau es sich nicht oft leisten konnte, weite Strecken mit der Bahn zu reisen – als im staatlichen Gesundheitswesen tätige Fachärztin verdiente sie weniger als ein Hilfsarbeiter –, legte sie, wenn sie ihre Eltern in Südmähren besuchte, den größten Teil der Strecke per Anhalter auf der Ladefläche von Lastwagen zurück. Ein Fahrer, der heiße Ziegel geladen und ihr den Beifahrersitz angeboten hatte, versicherte ihr, daß sie den Zug, den sie in Kolín erreichen wollte, garantiert erreichen würde, denn um diese Zeit habe er Probe im Theater der Poesie.

In Prag residierte ein »Klub der Freunde der Poesie«, der für Abonnenten jährlich eine bestimmte Anzahl bibliophil gestalteter Gedichtbände von vornehmlich zeitgenössischen Dichtern herausgab (die quadratischen Bücher waren illustriert mit Graphiken, Fotos, Karikaturen, Faksimiles usw., und in einer Schmutztitellasche steckte eine Schallplatte, auf der der Autor oder ein Schauspieler einige der Gedichte sprach). Bei einer Abonnentenzahl von 32 000 mußte der Klub wegen Papiermangels eine Aufnahmesperre erlassen.

Das Poetische, das entdeckerisch unwirkliche Verknüpfen von Wirklichkeit – spielerisch oft, witzig, selbstironisch –, inspirierte das Schöpferische bis an die Ränder. In einer Zeitung erschienen unter dem Titel »Anticodes« graphische Gedichte von Václav Havel: zu einem Kreis angeordnet zwanzigmal das Wort »vorwärts« oder als militärisch ausgerichteter Block fünfzigmal untereinander der Satz »Für die allseitige und harmonische Entwicklung der Persönlichkeit!«.

Die Tschechen verfilmten ein Gedicht (»Romanze für Flügelhorn« von František Hrubín, Regie Otokar Vávra), und in den Liedern Jiří Suchýs und Jiří Šlitrs vom Prager Theater Semafor (Sieben kleine Formen), die populär waren wie Schlager, durchzog ein Faden Poesie den Alltag nicht nur der Verkäuferin.

Das Poetischste aber war die Bücher-, Bilder- und Puppenfilmwelt der Kinder. Sie wuchsen auf zu Füßen Jiří Trnkas, Jan Werichs, František Hrubíns und anderer Maler und Dichter.

Und das auf der anderen Seite des Berges, an dessen Fuß ich aufgewachsen war. Wieso dort? Woher die Nähe zur Poesie gerade bei den Tschechen?

Zwei Jahrhunderte überlebte die tschechische Sprache vornehmlich in der Poesie. In der Schlacht am Weißen Berg von 1620 wurde das Heer der Böhmen und Mährer geschlagen, nicht aber die tschechische Sprache. Ihre Streitmacht waren Sagen, Märchen, Lieder und Gedichte, und während Deutsch und Latein regierten, wurden jene weitererzählt, weitergesungen und weitererfunden. Die tschechische Geschichtsschreibung spricht von einem Wunder. Ein zweites Wunder vollbrachte der junge Dichter Karel Hynek Mácha – er wurde nur fünfundzwanzig Jahre alt –, indem er in der für nicht mehr literaturfähig gehaltenen tschechischen Sprache das große Poem »Mai« schrieb, und seither, »Mai« erschien 1836, waren es immer wieder Schriftstellerinnen und Schriftsteller, um die die tschechische Nation sich sammelte und an deren Werken sie in schweren Zeiten Halt fand. Die Präsidentschaft Václav Havels spricht für sich, und auch die Tatsache, daß der Botschafter der Tschechischen Republik in der Bundesrepublik Deutschland, Jiří Gruša, ein Dichter ist, dürfte eher kein Zufall sein.

Gewiß, im Augenblick unterliegt das geistige Leben Böhmens und Mährens Einflüssen, die der eigenen Tradition fremd sind, auslöschen lassen wird sie sich aber nicht.

Mich der tschechischen Literatur nähernd, mit Hilfe meiner Frau mehr und mehr auch anhand des Originals, merkte ich bald, wie der rationalen Anerkenntnis jüngster historischer Schuld persönlicher Schmerz zuwuchs. Es ist ein Unterschied, ob ich Zahlen von Hingerichteten höre, oder ob ich Vladislav Vančuras Roman »Der Bäcker Jan Marhoul« gelesen habe und erfahre, daß der Autor 1942 von Deutschen hingerichtet wurde.

Die Lücken der Nichtbesinnung in den Büchern der anderen machten Lücken der Nichtbesinnung in den Büchern des eigenen Volkes bewußt.

In der tschechischen Literatur, so schien es mir und scheint es mir noch immer, bricht sich einzigartig europäisches Licht in slawischem Empfinden (und indirekt manches von jenem Licht, das sich jahrhundertelang in der Literatur älterer Nationen gebrochen hat, beispielsweise das des Orients in der spanischen). Der Winkel, in dem das Licht an der Oberfläche der tschechischen Poesie und Prosa wieder austritt, wird bestimmt von einer lange anerlittenen Wehmut, einem feinen fatalistischen Lächeln, einem Zorn, der seine Stunde abwartet, und selbsterlösendem Humor.

Nachhaltigstes Staunen erregten in mir die Gedichte Jan Skácels. Der Kritiker Jan Trefulka mißt der Poesie Skácels einen ähnlichen Rang bei wie der Musik Leoš Janáčeks und bezeichnet beider Werke als die »vielleicht letzte große schöpferische Tat des alten Mitteleuropa in Böhmen und Mähren«. Jan Skácel, geboren 1922, war nach 1968 zwölf Jahre verboten und starb am 7. November 1989, als, wie er in seinem letzten Brief vermerkte, »das Eis sich bewegt« hatte. In der Zeit der offiziellen Nichtexistenz als Autor schuf er u.a. zweimal einhundert Gedichte zu je vier Zeilen. »Ich mochte die Gedichte von Jan Skácel schon immer«, schrieb Milan Kundera, »aber als ich...in Frankreich sein Buch mit den hundert Vierzeilern in die Hand bekam, begriff ich, daß er nach dem Tod Vladimír Holans der größte tschechische Dichter ist... Jedes seiner Gedichte durchlebt den Schwindel über dem etymologischen Abgrund, der in den einzelnen tschechischen Wörtern verborgen ist... Wenn ich mich frage, was mich am meisten ans Tschechische bindet, was es mir teuer und unersetzbar macht, lautet die Antwort: die Verse Jan Skácels.«

Ich lese Ihnen fünf dieser zweihundert Vierzeiler:

die menschen nehmen einander wegen der stille
man hört sie nur zu zweit   anders nicht
und anders erdrückt sie   anders bricht
der mensch zusammen unter der stille

willst du nicht steinigen
mußt du ein stein in deinem herzen sein
und so erbarmen dich der deinigen
nie warf ein stein mit einem stein

alles schmerzt sich einmal durch bis auf den
    eignen grund
und die angst vergeht
schön die scheune die nach längst vergangnen
    ernten
leer am wegrand steht

selbst der fluß lethe wird gefrieren
(wer zweimal stirbt wird ewig leben)
wenn die zu lebzeit totgeschwiegnen dichter
zu fuß sich auf den weg begeben

aufrecht gehn gedichte die erwachsen sind
vierzeiler aber wie meine hier
kommen auf allen vieren zu mir
wie lämmer und esel   oder wie ein kind

Wer die guten Bücher der anderen liest, wird doppelt demütig.

In einem Gespräch sagte Milan Kundera sinngemäß, für das gegenseitige Verständnis der Völker sei ein literarischer Übersetzer wichtiger als ein Dutzend Botschafter. Was die Frage aufwirft, ob es eine Sünde ist, wenn ein Dichter und literarischer Übersetzer wie Jiří Gruša Botschafter wird, oder ob ein Botschafter, der ein Dichter und Übersetzer ist, zu den Glücksfällen völkerverbindender Menschwerdung zählt. Das aber ist ein rein innertschechisches Problem.

Herr werden über

Verleihung der Ehrenbürgerschaft
der Stadt Greiz im Vogtland am 10. Juni 1995

Wenn ich in Niederbayern die Tür meines Arbeitszimmers zum Flur hin öffne, fällt mein Blick auf das Foto einer schwingenden Glocke – es ist eine Glocke der Greizer Stadtkirche, und will ich mich, um zum Schreiben zu kommen, in das abgelegene Haus eines Freundes in Österreich zurückziehen, ertappe ich mich dabei, daß ich zu meiner Frau sage, ich ginge nach Leiningen, das bekanntlich bei Greiz liegt und wo ich, als wir hier lebten, bei der Bäuerin Frieda Dübler einen kleinen Schreibtisch hatte.

Folgern Sie daraus bitte nicht, wir blickten nostalgisch auf jene Jahre. Seit wir am 13. April 1977 mit einem Loch im Nummernschild – die Polizei hatte die Prägemarke herausgebrochen – Greiz und Stunden später die DDR verließen, sind wir freie Menschen. Aber die fünfzehn Jahre in Greiz läuten in uns, und die innere Bindung an jene, mit denen wir uns damals in Reichweite der Greizer Glocken trafen, war immer gegeben und uns nie aus dem Sinn.

Die Ehrenbürgerschaft ist ein Ausdruck dieser inneren Bindung von beiden Seiten, und das ist nun mehr, als uns je in den Sinn gekommen wäre…

Ihre Erfahrungen, liebe Greizer Mitbürgerinnen und Mitbürger, sind auch unsere Erfahrungen, nur daß wir sie zum Teil zeitversetzt gemacht haben. Mir muß niemand erklären, wie das ist, wenn man von frühester Jugend an indoktriniert wird und dann erkennt, daß das, wovon man glaubte, man habe es um einer guten Sache willen getan, nicht gut war, ganz zu schweigen von der Erkenntnis, daß die Sache, die solches Tun nötig hat, selbst nicht gut sein kann. Käme jemand aus dieser Stadt, der Grund hätte zu bedauern, und bedauerte, ich glaube, noch im Foto begänne die

Greizer Glocke zu läuten, und unser Haus würde sich in einen Glockenstuhl verwandeln.

Aber es kommt keiner.

Nun werden wir, meine Frau und ich, darüber hinwegsterben und es bis dahin überleben.

Das aber ist keine Lösung des Problems, das »Bewältigen« heißt und das der französische Publizist und Friedenspreisträger des Deutschen Buchhandels Alfred Grosser definiert als »Herr werden über«. Beide Augen zuzudrücken, bis man sie uns zudrückt, würde bedeuten, niemals Herr zu werden über, denn Herr über wird man nur Auge in Auge mit der Wahrheit.

1992 sagte ein Politiker in hoher Funktion, der Nazi-Staat habe Leichenberge, das SED-Regime Aktenberge hinterlassen. Anfang dieses Jahres griff ein anderer prominenter Politiker diesen Satz auf, als handle es sich bereits um eine Volksweisheit. »Das NS-Reich«, schrieb er im *Spiegel*, »hat Berge von Leichen hinterlassen. Die SED hat Berge von Akten hinterlassen, unappetitliche oft, aber eben Akten.« Das ist Verharmlosung. Es sind eben nicht nur Akten, sondern Schicksale, und es sind zahllose unnötig leidvolle oder, im günstigsten Fall, unnötig freudlose Stunden menschlichen Lebens.

Manfred Uschner, bis 1989 persönlicher Referent des SED-Politbüromitglieds Hermann Axen, behauptet in seinem Buch »Die Ostpolitik der SPD«, der volkstümlichste Politiker der Ost-SPD, Ibrahim Böhme, sei mit vagen Verdächtigungen in den Hintergrund gedrängt worden. Das ist Legendenbildung. Die SPD hätte ihr mit der höchsten Stimmenzahl gewähltes und mit stehenden Ovationen gefeiertes Präsidiumsmitglied Manfred Ibrahim Böhme nicht ausgeschlossen, wäre das ihn belastende Beweismaterial nicht erdrückend.

Mit Bezug auf eine Auseinandersetzung im PEN der Bundesrepublik Deutschland schrieb vor kurzem die Süddeutsche Zeitung, entrüstet hätten sich die Dissidenten aus dem Osten, »die mehr oder weniger freiwillig in die Bundesrepublik übersiedelten«. So harmlos war das damals – mehr oder weniger freiwillig sind wir in die Bundesrepublik übergesiedelt.

Das ist das Gegenteil von »Herr werden über«.

Eine Mitbewohnerin des Hauses, in dem wir in Greiz wohnten, sagte einem Journalisten, der sie über jene Zeit befragen wollte: »Wir haben bei Hitler nichts gewußt, wir wußten auch davon nichts.« Auf den Einwand, unsere Nachbarn müßten aber doch etwas davon gewußt haben, denn sie seien vom Staatssicherheitsdienst ersucht worden, ihm beim Installieren einer Abhöranlage in der Wand zu meinem Arbeitszimmer behilflich zu sein, antwortete sie: »Wenn er bespitzelt wurde, wird es schon seinen Grund gehabt haben.« Verharmlosen wir weiterhin – von der kardinalen Lüge will ich gar nicht sprechen –, werden wir dieser Psyche abermals nicht wieder Herr werden, und die Voraussetzungen, im geeigneten Moment den Archipel GULAG und all die Lügen zu rechtfertigen, mit denen es uns in der Vergangenheit gelang, das Bewußtsein zu trüben, werden günstig sein. Wie die Voraussetzungen für jede andere Diktatur, denn es ist allen Diktaturen gemein, auf dieser Psyche zu gründen.

»Nicht Herr werden über« heißt, der Vergangenheit die Chance einzuräumen, über uns Herr zu bleiben oder von neuem Herr über uns zu werden.

Die Journalistin, die in der Süddeutschen Zeitung von der mehr oder weniger freiwilligen Übersiedlung schrieb, ist Münchnerin. Kein Grund also, das Haupt tiefer zu senken, weil man Greizer ist oder im Ostteil Berlins wohnt, statt im Berliner Westen oder in München. Auch dort hätten manche Veranlassung, über ihren Anteil an dem nachzudenken, was für sie Utopie, für uns aber vierzig Jahre Wirklichkeit war.

In überlegter Rede habe ich zwei Wörter nie in den Mund genommen, und ich werde sie auch künftig nicht in den Mund nehmen, die Wörter »Ossi« und »Wessi«. Ich lehne sie ab, weil sie, im Guten wie im Bösen, Trennwörter sind. Wir brauchen sie auch nicht, unsere Sprache hat für beide das Bindewort »Deutsche«.

»Herr werden über« ist unser aller Problem, und Versöhnung setzt ein doppeltes »Herr werden über« voraus – Herr über die Vergangenheit und Herr über sich selbst.

Rede an die Jugend

Verleihung des Weilheimer Literaturpreises
am 13. März 1997 in Weilheim

Wenn einem Schriftsteller, der die Sechzig überschritten hat, Zwanzigjährige ihren Literaturpreis zuerkennen, ist das für den Autor ein Signal aus der Zukunft, das ihn zu Lebzeiten erreicht... Damit ich es hinter mir habe, sage ich den Neugierigen unter den jüngeren Schülerinnen und Schülern freiwillig, was ich mit dem Preisgeld machen werde, und das ist kein Spaß: Ich werde mir Zeit zum Buchschreiben kaufen.

Selbstverständlich weiß ich, daß die Schülerinnen und Schüler, die den Weilheimer Literaturpreis verleihen, nicht *die* Jugend sind, und ich gebe mich nicht der Illusion hin, eine Rede an *die* Jugend zu halten. Aber eine Rede, die sich an einen einzigen jungen Menschen richtete, wäre schon Verantwortung genug.

Ich möchte Ihnen zwei Gedanken eines großen Schriftstellers unseres Jahrhunderts weitergeben und von den Umständen erzählen, unter denen sie für uns, meine Frau und mich, die Bedeutung gewannen, die sie noch heute besitzen.

Als wir noch in der DDR lebten, fragte mich auf der Leipziger Buchmesse ein Kollege aus Münster, ob ich etwas brauchte, er wolle es mir gern schicken. Ich sagte: »Tesaband.« Darauf er: »Wünsch dir doch was Ordentliches!« Mir sei mit Tesaband sehr gedient, sagte ich. Aber es müßte das starke sein, das wie Leder aussieht. Und ich brauchte viel davon... Und möglichst in allen Farben und in unterschiedlicher Breite. – Ich erhielt, was ich erbeten hatte, wenn auch das tiefere Verständnis des Kollegen für meinen Wunsch erst ein Vierteljahrhundert später eintreffen sollte.

In der DDR gab es meines Wissens kein Gesetz, das verbot, ein bestimmtes Buch zu besitzen, aber nicht jedes Buch durfte eingeführt oder weitergegeben werden. In Paragraph 106 des Strafgesetzbuches hieß es: »Wer mit dem Ziel, die sozialistische Staats- und Gesellschaftsordnung...zu schädigen oder gegen sie aufzuwiegeln,...Schriften,...die die staatlichen, politischen, ökonomischen oder anderen gesellschaftlichen Verhältnisse diskriminieren,...einführt...[oder] verbreitet..., wird mit einer Freiheitsstrafe von einem Jahr bis zu fünf Jahren bestraft.«

Eine Vorstellung davon, was man unter »Verbreiten« verstand, war mir bereits als Student vermittelt worden. Anläßlich des bestandenen Abiturs hatte mir ein Verwandter einen Band Erzählungen von Franz Kafka geschenkt. Das Buch hatte, wie mir später seine Frau gestand, »immer schon« im Wohnzimmerschrank gelegen, und der Name des Autors war bestenfalls mit dem Staubtuch zur Kenntnis genommen worden. Hätten sie gewußt, daß sie das Buch eines Juden aufbewahrten, hätte es die Hitlerzeit nicht überdauert – der Verwandte war Schutzmann, also Polizist gewesen. Ich aber wußte nicht mehr über den Autor als sie, denn auf der Oberschule war von ihm nie die Rede gewesen, und so nahm ich das Buch eines Tages mit ins Studentenwohnheim und stellte es auf mein Bücherbord, um die Erzählungen irgendwann einmal zu lesen. Doch noch am selben Tag wurde ich auf einer eigens zu diesem Zweck einberufenen Versammlung bezichtigt, »bürgerlich-dekadente« Literatur zu verbreiten. Beweisstück war eben jenes Buch von Franz Kafka – es hieß »Ein Landarzt« –, und den Tatbestand des »Verbreitens« sah man darin, daß ich das Zimmer mit drei Kommilitonen teilte und auch andere Personen Zutritt hatten.

Wie sich also ein Leben lang absichern, wenn man

zu Hause Bücher stehen hatte wie Alexander Solschenizyns »Der Archipel GULAG«?

Einen Teil der Bücher, die man nicht hätte einführen oder weitergeben dürfen, hatte ich eingepackt, verschnürt und versiegelt, und sie lagen in verschlossenen Schränken. Es waren Bücher, die ich nicht ständig brauchte. Ob mich diese Vorsichtsmaßnahme bei einer Haussuchung oder bei Gericht entlastet hätte, sei dahingestellt.

Wichtig aber war, jene brisanten Bücher, die ich jederzeit zur Hand haben wollte, für fremde Augen unkenntlich zu machen, und dazu eignete sich vorzüglich Tesaband. Ich überklebte die Buchrücken und merkte mir an den Farben und Farbkombinationen, um welches Buch es sich handelte. Zumindest die Autoren konnte ich nach Farben unterscheiden. Die getarnten Bände stellte ich auf die höchsten Regalbretter, die zu erreichen es einer Leiter bedurfte.

Es wird sie nicht verwundern, daß für mich das Wort »Buch« stets das Wort »Freiheit« aufruft.

Aber ebenso ruft das Wort »Freiheit« das Wort »Buch« auf.

Um meine rudimentären Englischkenntnisse nicht völlig verkümmern zu lassen, nahm ich bei einem betagten Fräulein namens Helene Beer, von ihren erwachsenen Schülern im Tonfall höchster Verehrung »die Miss« genannt, Privatstunden. Eines Abends empfing sie mich mit den Worten: »Der Unterricht fällt heute aus, ich habe ein Buch für Sie!« In der Hand hielt sie ein rororo-Bändchen, das sie unter der Hand geliehen bekommen hatte und bis zum nächsten Morgen um zehn Uhr zurückgeben mußte. Natürlich hatte sie versprechen müssen, es nicht aus der Hand zu geben, denn auch demjenigen, der es ihr gegeben hatte, war dieses Versprechen abgenommen worden, und das nicht ohne Grund. Wir kennen heute eine Anzahl dokumentierter Fälle von Bestrafung, so den eines jungen Theologen, der George Orwells Buch »1984« vier Bekannten zum Lesen gegeben hatte und dafür vom Bezirksgericht Karl-Marx-Stadt zu zweieinhalb Jahren und vier Monaten Gefängnis verurteilt wurde.

Außer Atem zu Hause angelangt – die »Miss« wohnte im Tal, und ich hatte zu uns auf der Höhe den kürzesten Weg genommen –, begann ich Albert Camus' »Der Mythos von Sisyphos« zu lesen und bereits nach den ersten Seiten mit der Hand zu exzerpieren – die ganze Nacht hindurch, was mir nicht schwerfiel, da wir außer Tesa-Päckchen gelegentlich auch etwas »Ordentliches« geschickt bekamen, nämlich ein Päckchen Tee (was nicht heißen soll, in der DDR habe es keinen Tee gegeben, es gab nur keinen solchen). Das Exzerpt dieser Nacht besitze ich noch.

War Franz Kafkas Erzählung »Die Verwandlung« die erste literarische Beunruhigung in meinem Leben gewesen, und hatten mich Alexander Solschenizyns Bücher »Ein Tag im Leben des Iwan Denissowitsch« und »Der Archipel GULAG« von den letzten ideologischen Illusionen befreit, so machte mir Camus' »Der Mythos des Sisyphos« meine eigene Weltsicht bewußt. In dieser Nacht fand ich sie erstmals formuliert und zugleich in Dimensionen durchdacht, in die ich nie vorgedrungen war.

»Wie sollte man sich wundern, daß die Künstler und Geistesarbeiter die ersten Opfer der modernen Tyranneien geworden sind, ob sie nun von rechts oder von links kommen?« sagte Camus in seinem Nobel-Vortrag. »Die Tyranneien wissen, daß im Kunstwerk eine befreiende Kraft steckt, die nur den Menschen geheimnisvoll erscheint, die ihr nicht huldigen. Jedes Werk macht das Menschenantlitz bewundernswerter und reicher, das ist sein ganzes Geheimnis. Und Tausende von Lagern und Gefängnisgittern genügen nicht, um dieses erschütternde Zeugnis der Würde zu verdunkeln.«

Ich begann, nach Werken von Albert Camus Ausschau zu halten, und nutzte jede verantwortbare Gelegenheit, sie in die DDR einzuführen. Der Staatssicherheitsdienst registrierte die geistigen Folgen, wie er sie begriff. Unter »Gera, den 17.2.1977« meldete ein Offizier: »K. will (nach *Camus*) Auge in Auge mit dem Nichts leben und im Bewußtsein der Absurdität dieses Daseins Mensch sein wollen; er will dem Einzelnen helfen – Solidarität üben; will kein Unrecht im Großen wie im Kleinen unwidersprochen hinnehmen… Für R.K. existiert das Absurde auch in der DDR.«

Die beiden Gedanken, die ich in dieser Rede besonders hervorheben möchte, fand ich in Albert Camus' Tagebüchern. Der erste Satz – das heißt, es ist nur eine Satzscherbe (aber eine Scherbe kann bekanntlich kostbarer sein als manches Gefäß) – der erste Fast-Satz lautet: »Schönheit, neben der Freiheit meine größte Sorge.«

Was die Freiheit betrifft, wird jeder von uns Camus zustimmen. Sie zu bewahren sollte stets eine unserer größten Sorgen sein. Wie aber verhält es sich mit der Schönheit? Ist das Schöne so wichtig wie die Freiheit?

»Schönheit ist dann«, schreibt Paul Valéry in seinen »Cahiers«, »wenn das *Er*blicken des Gegenstandes zum *An*blicken reizt. Der Gegenstand enthält etwas, wodurch sich dies ›unbegrenzt‹ oft wiederholen will. Doch da der Reiz in hohem Maße individuell ist, ist die Schönheit des einen nicht die Schönheit des anderen.« Und in den »Cahiers« der Simone Weil heißt es: »Das Schöne: Die Einbildungskraft mit ihren Erfahrungen steht still.«

Diesen Zustand kennt jeder von uns, und er überwältigt uns in der Natur ebenso wie beim Betrachten von Schöpfungen des Menschen, vornehmlich in der Kunst, was nicht heißt, das »Naturschöne« und das »Kunstschöne« seien identisch. Sie unterscheiden sich u.a. darin, daß dem Schönen in der Natur kein vom Menschen vorbestimmter Sinn innewohnt, es also »freie Schönheit« ist, wie Kant sagt. Dennoch haben wir es in beidem, wenn wir es mit dem Schönen zu tun haben, mit demselben Phänomen zu tun. »Schönes läßt sich nicht zusammenfassen«, schreibt Valéry. Auch eine Melodie läßt sich nicht zusammenfassen. Oder ein Gedicht. Überhaupt kein Kunstwerk läßt sich zusammenfassen. Und Valéry an anderer Stelle: »Das Schöne erzeugt den Wunsch nach ständigem Neubeginn – scheinbar unendliches Wiederholen –, und dieser ist das Gegenteil der Sucht nach dem Neuen. Man kann sich nicht sattsehen am Immergleichen, was paradoxe Überraschung ist – Überraschung durch das Erwartete.« Auch das gilt für das Schöne in der Natur wie in der Kunst.

Etwas aber, das in uns den Wunsch weckt, ihm »unendlich« oft zu begegnen, und diesen Wunsch, unter welchen Umständen auch immer, in jedem Augenblick unseres Lebens latent wachhält, gehört zu jenen Dingen, zu denen Wasser und Brot gehören. Oder die Luft. Ohne das Schöne könnten wir nicht leben.

Laurens van der Post schildert, wie ihnen in der Kalahari-Wüste einmal eine kleine Gruppe von Buschmännern entgegenkam, die viele Tage ohne

Wasser gewesen und am Ende ihrer Kräfte waren. Sie besaßen fast nichts, aber als man ihnen zu trinken gegeben hatte, holte einer ein gebogenes Holz mit einer Saite hervor und begann zu musizieren.

Warum das Schöne gefällt und wir nach ihm verlangen, wissen wir letztlich nicht. Wir wissen nur soviel: Die Schönheit ist die Zwillingsschwester der Freude.

So wesentlich das Schöne für die Existenz des Menschen ist, so gefährdet ist es aber auch – global wie im engsten Lebensbereich, in der Natur wie in der Kunst. Mit jeder Tier- und Pflanzenart, die ausstirbt, verarmt das Schöne (ökologisches Denken und Handeln hat einen eminent ästhetischen Aspekt). Was Kriege für das Schöne bedeuten, weiß jeder. »Austilgung so vornehmer, wehrloser Geschöpfe, wie es Kunstwerke sind, nennt niemand Mord: aber er ist es«, läßt Erhart Kästner in seinem »Zeltbuch von Tumilad« einen Gesprächspartner sagen. »Besäßen wir wirkliche Humanität, so träfe die Schändung von Schönem dieselbe Strafe wie vielfachen Mord.« Aus sozialem Unbehagen, aber auch unter dem Einfluß bestimmter Ideologien, belegen nicht wenige Künstler das Schöne mit einem Tabu: Das Schöne täusche über den wahren Zustand der Gesellschaft hinweg und schwäche den Willen, sie zu verändern. Witold Gombrowicz schrieb, er fürchte »die Schönheit in diesem Jammertal« und suche, sie »zu entschärfen«, sich vor »übermäßiger Bezauberung« zu schützen. In einem Brief aus dem Jahr 1960 bezeugt Carl Jacob Burckhardt, ein unbestechlicher Beobachter seiner Zeit: »Dostojewski hat gesagt: ›Die Schönheit wird euch retten!‹ Mit allen Mitteln wird sie ausgetrieben, verleumdet, diese Schönheit.« Um jedem Mißverständnis vorzubeugen: Hier wird nicht dem Beschönigenden das Wort geredet, der Halblüge oder Lüge. Das Schöne ist keine Lüge, es *ist*. – Mit der Verleumdung des Schönen ging und geht die Verleumdung seiner Verteidiger einher. Dazu Camus: »Man dient dem ganzen Menschen oder überhaupt nicht. Und wenn der Mensch Brot und Gerechtigkeit nötig hat und wenn alles getan werden muß, um dieses Bedürfnis zu befriedigen, hat er auch die reine Schönheit nötig, denn sie ist das Brot seines Herzens... So aufgefaßt, hat die Schönheit noch keinen Menschen geknechtet. Seit Tausenden von Jahren hat sie im Gegenteil jeden Tag, jede Sekunde, das Joch von Millionen erleichtert und zuweilen ein paar unter ihnen auf immer befreit.«

Dort, wo Häßliches aus der Welt geschafft werden kann, muß es augenfällig gemacht werden, auch in der Kunst. Das Häßliche herauszustellen, das unabänderlich ist, ist unbarmherzig, und Häßliches ohne Not zu mehren, unmenschlich.

Wer Hand an das Schöne legt, legt Hand an den Menschen.

Diese Rede dürfte meine einzige »Rede an die Jugend« sein, und so möchte ich ihr eine Art Amulett beifügen. Die Inschrift des Amuletts stammt ebenfalls von Camus, ist aber insofern etwas Persönliches, ja Privates, als sie uns, meiner Frau und mir, zur Lebensmaxime geworden ist. Ich werde sie nicht kommentieren. Vielleicht findet die oder der eine von Ihnen, die Sie heute zwischen Fünfzehn und Zwanzig sind, in fünfzehn oder zwanzig Jahren auf dem Dachboden das über und über verstaubte »Weilheimer Heft zur Literatur«, in dem die Rede abgedruckt ist, und braucht in diesem Augenblick genau dieses Wort. Camus sagt: »Es herrscht das Absurde, und die Liebe errettet davor.«

Klimasturz

CDU-Parteitag am 12. Oktober 1997 in Leipzig

Zwei Anmerkungen zum intellektuellen Klima in Deutschland.

I

Wolfgang Graf Vitzthum sagte im Rahmen des Tübinger Studium Generale: »Viele Dichter nahmen die Erste deutsche Republik...nicht an. Die Einberufung der Nationalversammlung in die Stadt Goethes und Schillers führte zu keiner legitimitätsvermehrenden, integrierenden Landnahme der Republik im ›Geistigen‹... Tucholsky und die anderen verletzenden Kritiker... verstanden einfach nicht, daß die Republik erst Wurzeln fassen mußte in fremdem Boden. Ohne Staatsbewußtsein, ohne Empfindungen...hält kein Staat die inneren Spannungen und die Schubkraft der Geschichte aus... So erlag die deutsche Öffentlichkeit Alfred Rosenbergs *Mythos des zwanzigsten Jahrhunderts*. Sie fiel denen in die Hände, die zunächst ein nationalsozialistisches Großdeutschland, dann ein germanisches Weltreich errichten wollten. Was half es den Schriftstellern, daß sie zu der Leere, die dieser Wahnsinn zu füllen vorgab, beigetragen hatten?«

Walter Jens, im selben akademischen Rahmen sprechend, bezeichnete Tucholsky und die anderen von Graf Vitzthum kritisch betrachteten Schriftsteller als einen Autorentyp, der »im Alltag von Weimar jene Utopien wachzuhalten suchte, die nach Kriegsende, im *Rat geistiger Arbeiter* während der Münchner Räterepublik, bei der Proklamation der radikalen Vernunft zur Verwirklichung anstand«. Jens zitierte einen Artikel Tucholskys, in dem es heißt: »Ich halte einen Zusammenschluß der radikalen Intellektuellen mit der KPD für einen Segen und ein Glück.«

Eine Kontroverse. Erhellend, wie ich meine, und die Wahrheit komplettierend – also, wie immer man zur jeweiligen Meinung stehen mag, erfreulich.

Doch das intellektuelle Klima läßt Freude an der Wahrheitssuche nicht aufkommen. In einer Einlassung, die Graf Vitzthum eine Woche später vortrug, sagte er u.a.: »Und Tucholsky? Darf ich den offenbar in meinem Vortrag besonders irritierenden Faden noch einmal aufgreifen, ohne befürchten zu müssen, Freunde zu verlieren?«

Eine Frage, die bezeichnend ist. Jemand, der gesellschaftliche Totalentwürfe und die ihnen meist innewohnende unmenschliche Radikalität ablehnt, sich also weigert, dem Leitspruch zu folgen: Wer nicht mein Freund ist, ist mein Feind, und Feinden wird kein Pardon gegeben – jemand dieses intellektuellen Zuschnitts muß, äußert er seine Gedanken, in Deutschland sofort befürchten, Freunde zu verlieren (im Wiederholungsfall also Feind zu werden, dem man kein Pardon gibt)…

Diejenigen Intellektuellen in den neuen Bundesländern, die am politischen System der DDR fast erstickt sind, empfinden die geistige Freiheit, die sie errungen und durch die Vereinigung gesichert bekommen haben, als *den* erstrebenswerten Wert überhaupt und sich selbst keinesfalls als intellektuelle Rose, die – um eine Metapher von Günter Grass abzuwandeln – unter politischem Mehltau dahinvegetiert. Intellektuelle wie sie sind aber im Osten wie im Westen in der Minderheit, und wenn sie der Intoleranz die Stirn bieten, tun sie es als Einzelgänger.

Die Wiedervereinigung konnte deshalb am intellektuellen Klima nur wenig ändern. Damit sich etwas ändert, bedürfte es eines Mutationsprungs, und bis dahin bleibt uns, wollen wir das einundzwanzigste Jahrhundert menschlich gestalten, in der Tat nur die eigene Stirn.

II

Als das erste Wörterbuch mit den neuen Rechtschreibregeln erschienen war, ging ich es Seite für Seite durch, um mir die Regeln anzueignen und soviel wie möglich Einzelfälle einzuprägen. Doch als ich bemerkte, daß durch die Reform zahlreiche schriftliche Ausdrucksmöglichkeiten verlorengingen, um die wir beneidet werden, und das Lesen, der Zweck allen Schreibens, erschwert wird, meldete ich mich zu Wort.

Seien sie unbesorgt, im folgenden erwartet Sie kein Plädoyer für oder gegen die Rechtschreibreform – ich bleibe beim Thema: das intellektuelle Klima in Deutschland.

Mir war bekannt, daß einer der Herren Kultusminister auf die Frage des *Spiegel*, ob die Deutschen wüßten, was mit der Rechtschreibreform auf sie zukommt, geantwortet hatte: »Nein, überhaupt nicht. Die breite Öffentlichkeit ist so gut wie gar nicht informiert. Deshalb werden viele erschrecken, wenn es zu einer Reform kommt, und zwar auch dann, wenn noch etwas geändert wird… Man wird uns Kultusminister fragen, was habt ihr denn da angestellt?«

Der Ton, der mir im Rundfunk aus dem Mund einiger Wortführer der Kultusministerkonferenz entgegenschlug, war jedoch der Ton unfehlbarer Staatsmacht, wie ich ihn in dieser Weise seit zwanzig Jahren nicht mehr vernommen hatte. Daß ein Einwand gegen die Reform vernünftig sein könnte, schien nicht in

Betracht gezogen zu werden. Den Kritikern wurden Motive unterstellt, die verletzend waren, und in der Sache wiegelte man mit unwahren Behauptungen ab. Ich sah mich plötzlich einem Machtgestus gegenüber, der mich an frühere Zeiten erinnerte. Ein Kultusminister hob so weit ab, daß er sogar seine Muttersprache unter sich ließ. Die Menschen dächten, sagte er, »wir wollen an ihre Sprache«. Wieso *ihre*? Und derselbe Kultusminister ließ mir – wenn auch freundlich, das sei dankbar vermerkt – durch die Hannoversche Allgemeine Zeitung ausrichten, ich solle mich nicht mit der Rechtschreibreform befassen, denn sie sei das Unwesentlichste von der Welt. Das Unwesentlichste von der Welt betraf u. a. »etwa 800 sinnvolle Zusammensetzungen« (Prof. Dr. Hans Haider Munske), um die die geschriebene Sprache von hundert Millionen Menschen verarmen würde – und darum soll sich ein Schriftsteller nicht kümmern?…

Man halte von den Einsprüchen gegen die Reform, was man will – wenn der Staat Mitdenkende so behandelt und diejenigen, die ihre Gedanken nicht zuletzt deshalb einbringen, weil sie diese Republik und keine andere wollen, vor den Kopf stößt, dürfen sich die Parteien über das geistige Klima im Land nicht wundern. Oder, polemisch gefragt, sind Intellektuelle, die ihren Kopf weder bei einer Ideologie noch beim Staat abgegeben haben, auch im demokratisch verfaßten Deutschland unerwünscht? Die Art und Weise, in der die Kultusministerkonferenz die sachlichen Einwände gegen die Rechtschreibreform – und nur von ihnen, den sachlichen Einwänden, spreche ich – abschmetterte, die Kritiker mit Hohn bedachte und die

Amtsmacht hervorkehrte, hat einen Klimasturz verursacht.

Der Bundesvorstand Ihrer Partei erhebt die Vision zum Programm, das einundzwanzigste Jahrhundert menschlich zu gestalten. Ohne hochdifferenzierendes schöpferisches Denken und adäquates Kommunizieren wird das kaum gelingen.

Wie vom andern Stern

Verleihung des Horst-Bienek-Förderpreises
der Bayerischen Akademie der Schönen Künste
an Toni Pongratz
am 8. Dezember 1997 in München

Meine Gedichte sind Blei
in meinem Mund
Ich spreche sie nicht mehr aus
Ich lasse sie nicht mehr vor
Ich zeige sie niemand

Ich schreibe weiter

Ein Gedicht von Horst Bienek, veröffentlicht in der Edition Toni Pongratz. Horst Bienek befand diese Edition für wert, ihr Gedichte anzuvertrauen, die er niemandem mehr zeigen wollte.

ENGEL

Engel – wenn du ihn suchst
er ist Erde
zwischen den Steinen am großen Berg
bereit aufzustehn
wenn du ihn rufst
ohne Macht
ohne Herrlichkeit
ruf wie ein Bruder
wenn du ihn suchst
Germane war er Jude Christ
Erde ist er für Schlehdorn Fuchsie Ginster
zwischen den Sternen am großen Berg
Wenn du ihn suchst
wenn du ihn findest Engel
mach ihn neu
nicht aus Blut
nicht aus Galle
aus Tränen und

ein paar Tropfen Rheinwasser
mach ihn neu
wenn du ihn findest

Wissen Sie, wer dieses Gedicht geschrieben hat? Heinrich Böll. Veröffentlicht wurde es in der Edition Toni Pongratz.

Elisabeth Kottmeier werden manche von Ihnen als Übersetzerin russischer und ukrainischer Literatur kennen, kaum aber als Dichterin. Ihre Gedichte fanden sich im Nachlaß, und Toni Pongratz druckte sie. Der Titel des Büchleins: Die Stunde hat sechzig Zähne.

Allein wegen dieser Metapher hätte es Elisabeth Kottmeier verdient, daß wir uns ihrer als Dichterin erinnern, und der Glaube, ihre Hinterlassenschaft würde bemerkt werden, hatte sie beflügelt. In einem Gedicht heißt es:

Aber die Enkel von Fremden
werden mein gedenken.
Der Kuckuck bin ich,
der niemals über die blühende Heide fliegt.

»Manchmal schreibt mir das weibchen des kuckucks« heißt ein Gedicht der tschechischen Dichterin Lenka Chytilová.

Manchmal schreibt mir das weibchen des kuckucks:

Ein nest haben – weißt du –
das wäre schön…

Aber ER würde sowieso
wegfliegen aus ihm

Und einen anderen nehmen –
der wiederum wäre nicht so gesprenkelt

Auch diesem Gedicht hat Toni Pongratz ein Nest bereitet.

Schließlich noch ein Gedicht des Ungarn László Nagy:

DAS FEUER

Feuer
du lebendiges,
sternenmächtiges, stampfend-wendiges,
heiz die lok zu tode, hetze sie,
daß ihre schwarze einsamkeit sie nie
bedrücke,
feuer,
du lebendiges,
inspirierendes, all-beständiges,
blüh im vogel, jenem blutenden,
senge ihn, daß er vom schicksal spricht,
seine asche wolln wir nicht,
wir wolln sein wort, sein wachendes,
feuer,
du lebendiges,
eisbezwingendes, sonnenhändiges,
dulde nicht, daß einer nach dem andern wir
altern, in der seele bärtig, daß wir hier,
wo kauf, verkauf, verrat gedeihn,
wägend abkühln bis zu stein,

hülle mich in feenrot,
schnelle gegen ewiges verbot
mich übers eis in reiche, wo der tanz, der rote, loht,
du, der jugend könig,
feuer!

Edition Toni Pongratz.

Ich habe mich beschränkt auf Beispiele aus der Poesie, die Toni Pongratz bisher verlegte, Gedichte von Rose Ausländer, Richard Exner, Milena Fucimanová, Harald Grill, Sarah Kirsch, Paul Konrad Kurz, Ulrich Schacht, Jaroslav Seifert, Gabriele Wohmann und anderen Autorinnen und Autoren, unter ihnen Debütanten. Wie gern würde ich Ihnen einige gescheite Gedanken von Hans Bender, Günter Kunert oder Siegfried Lenz zitieren und Ihnen eine köstliche Geschichte von Janosch, ein nie mehr aus dem Sinn gehendes Feuilleton von Jan Skácel oder ein tschechisches Märchen zur guten Nacht vorlesen, damit auch die Prosa den Qualitätsanspruch der Edition bezeuge, doch würde die Zeit dann nicht reichen, Ihnen anzudeuten, was für ein zähes Wesen das ist, das im Bayerischen Wald eine literarische Reihe von internationalem Ansehen herausgibt. Seit siebzehn Jahren. Die Nummer auf den einzelnen Bändchen – es sind bereits über ein halbes Hundert – ist immer schwarz, aber die Zahlen, die das Finanzamt sieht, sind rot, so daß es für die Existenz des Verlages seit siebzehn Jahren schwarz sieht.

Um die Leidensfähigkeit von Toni Pongratz nicht über die Maßen zu beanspruchen – er ist der Nichtmittelpunkt in Person –, zu ihm selbst nur soviel: Aus eigenem Entschluß verläßt er nach der mittleren

Reife das Gymnasium und entsagt seinem Lebenswunsch, Arzt zu werden. Grund: Die Armut der Mutter. Der Vater hatte der Familie den Rücken gekehrt. Toni Pongratz lernt Krankenpfleger, absolviert ein zweijähriges Fachstudium für Anästhesie und Intensivpflege und wird pflegerischer Leiter der internistischen Intensivstation im Klinikum Passau. Christa, seine Frau, arbeitet als Krankenschwester auf derselben Station. Sie haben einen Ausnahmesohn, denn er scheint nicht nur vom Fleische, sondern auch vom Geist seiner Eltern zu sein. Christa und Toni Pongratz, das ist bekannt, opfern sich für ihre Patienten auf, vom Dienst nach dem Dienst an Verwandten, die bettlägrig ihrer harren, ganz zu schweigen.

Dennoch aber zusätzlich der Verlag, ein Ein-Mann-Nachtverlag, der Verleger eingehüllt in Pfeifenrauch (nach einem Liter Espresso tagsüber dem Geist zur Nacht die Tabaksporen).

Woher dieser zweite große Lebenswunsch, Bücher zu verlegen (Toni Pongratz gibt nicht nur die »Edition« heraus, sondern auch eine zum Teil aufwendig gestaltete Reihe literarisch-graphischer Blätter)? Woher die an Masochismus grenzende Leidenschaft, auf der Intensivstation schwerstens erarbeitetes Geld in einen Verlag zu investieren, der am Banktropf hängt?

Erstens gehört Toni Pongratz zur mikroskopischen Minderheit derer, die das Gedicht zum Leben brauchen. Er ist ein *wirklicher* Leser, und es ist ihm ein Bedürfnis, sich für das, was er liebt, zu engagieren. Zweitens zählt er zu jener Minderheit von Christen, an die ich glaube. Ihm ist es verwehrt, nur zu nehmen. Er möchte zurückgeben, indem er weitergibt. Drittens braucht er dieses zweite Leben, um im ersten bestehen zu können.

Und seine Frau Christa? Unterzöge man sie einer Kernspintomographie, würden die Ärzte Augen machen – sie würden das sogenannte Toleranzherz entdecken.

Als wir uns vor zwanzig Jahren am Fuße des Bayerischen Waldes ansiedelten, hörte ich in München erstmals das Wort vom Sibirien Bayerns. Im Fall des 1990 verstorbenen Tierbildhauers Heinz Theuerjahr, der fünfzig Jahre im tiefen Bayerischen Wald lebte, muß dieser für die Bayerische Akademie der Schönen Künste auch so fern gewesen sein wie Sibirien, denn sie hat diesen Künstler nicht bemerkt oder nicht erkannt. Sie schuldet dem Bayerischen Wald Wiedergutmachung. Toni Pongratz war einer der uneigennützigsten Freunde Heinz Theuerjahrs und gab nicht nur mehrere Bücher über ihn heraus, sondern drückte ihm auch die Augen zu, wusch ihn und kleidete ihn an für den letzten Weg.

Ich bat Toni Pongratz, mich Horst Bieneks Briefe lesen zu lassen. Ein Dreivierteljahr vor seinem Tod schrieb Horst Bienek an Toni Pongratz: »Ich denke manchmal an Sie, Sie sind für mich wie vom andern Stern.«

»Frei sei'n, wie Schwalben, die Dichter«

Verleihung des Friedrich-Hölderlin-Preises
am 7. Juni 1999 in Bad Homburg v. d. Höhe

Ich gehöre nicht zu denen, die sich zur intellektuellen Linken zählen, sondern zähle mich nur zu mir selbst, was manchem linken Intellektuellen genügt, mich der Rechten zuzuordnen. In diesem politischen Spannungsfeld schreibe und publiziere ich seit fast vierzig Jahren. Grund, mit meinem Schicksal zu hadern, habe ich nicht, aber manchmal wundere ich mich, daß wir, meine Frau und ich, das alles bis heute überlebt haben.

Ich gebrauche die Begriffe »rechts« und »links« hier nur, weil jene, die ich meine, den einen Begriff wie eine Fahne vor sich hertragen und den jeweils anderen an die Spitze ihrer täglichen Unversöhnlichkeitserklärungen stellen. Da ich keinem Parlament angehöre, also weder links noch rechts von der Mitte Platz nehmen kann, weiß ich mit den Begriffen »rechts« und »links« mehr oder weniger nur im Straßenverkehr etwas anzufangen, im restlichen Leben orientiere ich mich an völlig anderen Kriterien. Meine Orientierungsfragen lauten: Was ist wahr? Was ist nach meinem bescheidenen Verstand vernünftig? Wem kann ich vertrauen, und wer ist ein miserabler Charakter? Wem muß ich helfen, und wann mache ich mich schuldig, wenn ich schweige? Usw.

So zu fragen habe ich u. a. bei Gryphius gelernt, bei Claudius und bei Hölderlin. Ich zitiere aus verschiedenen Texten Friedrich Hölderlins:

Ja! wer das Wort mißbraucht, wer Wort verfälscht oder nicht hält, der fehlt wohl sehr, aber gewiß auch der, der es zu wenig braucht.

...und das: die Wahrheit achten, / Und höhern Sinn und manche seltne Frage.

Der Mensch…, der nicht wenigstens im Leben ein Mal volle lautere Schönheit in sich fühlte,…wird nicht einmal ein philosophischer Zweifler werden, sein Geist ist nicht einmal zum Niederreißen gemacht, geschweige zum Aufbaun.

Es ist…ein Streit in der Welt, was nämlich mehr sei, das Ganze oder der Einzelne? Und der Streit widerlegt sich durch die Tat, indem der, welcher aus dem Ganzen wahrhaft handelt, von selber zum Frieden geweihter und alles einzelne zu achten darum aufgelegter ist…

…man hat sich selbst, und wenig Einzelne, und es ist auch schön, in sich selbst und wenigen Einzelnen eine Welt zu finden.

Lassen wir uns irre machen an uns selbst,…dann ist auch alle Kunst und Müh umsonst.

So komm! daß wir das Offene schauen, / Daß ein Eigenes wir suchen, so weit es auch ist.

Frei sei'n, wie Schwalben, die Dichter.

Soweit Hölderlin.

Nicht zuletzt gehört zu meinen Orientierungsfragen, wem ich Dank schulde…

Ich bitte alle Freunde, den Friedrich-Hölderlin-Preis auch als Auszeichnung ihrer Treue zu betrachten und sich die Hand drücken zu lassen für das Erdulden mancher Mithaftung.

In einem Brief, datiert »Homburg, den 31. Dezember 1798«, schrieb Friedrich Hölderlin an den Bruder: »Eben schlug die Glocke zwölf, und das Jahr 99 fängt an. Ein glückliches Jahr für Dich, Liebster, und alle die Unsrigen! Und dann ein neues, großes, glückliches Jahrhundert für Deutschland und die Welt!« Heute befinden wir uns wieder in einem Jahr 99 und in Homburg, nur daß vor der 99 statt einer 17 eine 19 steht und wir leider wissen, wie wenig sich die Wirklichkeit um den Wunsch Hölderlins geschert hat. Dennoch in seinem Geiste: Deutschland und der Welt ein weniger fundamentalistisches, weniger gewalttätiges, weniger maximalgewinnorientiertes, ein menschenwürdigeres neues Jahrtausend!

Das Politische des Poetischen

Festakt zur Verleihung
des Bayerischen Verdienstordens
am 19. Juli 2000 in München

Ich lese Ihnen eine Geschichte vor, zu der ich Ihnen eine Geschichte erzählen möchte.

FÜNFZEHN

Sie trägt einen Rock, den kann man nicht beschreiben, denn schon ein einziges Wort wäre zu lang. Ihr Schal dagegen ähnelt einer Doppelschleppe: lässig um den Hals geworfen, fällt er in ganzer Breite über Schienbein und Wade. (Am liebsten hätte sie einen Schal, an dem mindestens drei Großmütter zweieinhalb Jahre gestrickt haben – eine Art Niagara-Fall aus Wolle. Ich glaube, von einem solchen Schal würde sie behaupten, daß er genau ihrem Lebensgefühl entspricht. Doch wer hat vor zweieinhalb Jahren wissen können, daß solche Schals heute Mode sein würden.) Zum Schal trägt sie Tennisschuhe, auf denen sich jeder ihrer Freunde und jede ihrer Freundinnen unterschrieben haben. Sie ist fünfzehn Jahre alt und gibt nichts auf die Meinung uralter Leute – das sind alle Leute über dreißig.
Könnte einer von ihnen sie verstehen, selbst wenn er sich bemühen würde? Ich bin über dreißig.
Wenn sie Musik hört, vibrieren noch im übernächsten Zimmer die Türfüllungen. Ich weiß, diese Lautstärke bedeutet für sie Lustgewinn. Teilbefriedigung ihres Bedürfnisses nach Protest. Überschallverdrängung unangenehmer logischer Schlüsse. Trance. Dennoch ertappe ich mich immer wieder bei einer Kurzschlußreaktion: Ich spüre plötzlich den Drang in mir, sie zu bitten, das Radio leiser zu stellen. Wie also könnte ich sie verstehen – bei diesem Nervensystem?

Noch hinderlicher ist die Neigung, allzu hochragende Gedanken erden zu wollen.
Auf den Möbeln ihres Zimmers flockt der Staub. Unter ihrem Bett wallt er. Dazwischen liegen Haarklemmen, ein Taschenspiegel, Knautschlacklederreste, Schnellhefter, Apfelstiele, ein Plastikbeutel mit der Aufschrift »Der Duft der großen weiten Welt«, angelesene und übereinandergestülpte Bücher (Hesse, Karl May, Hölderlin), Jeans mit in sich gekehrten Hosenbeinen, halb- und dreiviertel gewendete Pullover, Strumpfhosen, Nylon und benutzte Taschentücher. (Die Ausläufer dieser Hügellandschaft erstrecken sich bis ins Bad und in die Küche.) Ich weiß: Sie will sich nicht den Nichtigkeiten des Lebens ausliefern. Sie fürchtet die Einengung des Blicks, des Geistes. Sie fürchtet die Abstumpfung der Seele durch Wiederholung. Außerdem wägt sie die Tätigkeiten gegeneinander ab nach dem Maß an Unlustgefühlen, das mit ihnen verbunden sein könnte, und betrachtet es als Ausdruck persönlicher Freiheit, die unlustintensiveren zu ignorieren. Doch nicht nur, daß ich ab und zu heimlich ihr Zimmer wische, um ihre Mutter vor Herzkrämpfen zu bewahren – ich muß mich auch der Versuchung erwehren, diese Nichtigkeiten ins Blickfeld zu rücken und auf die Ausbildung innerer Zwänge hinzuwirken.
Einmal bin ich dieser Versuchung erlegen.
Sie ekelt sich schrecklich vor Spinnen. Also sagte ich: »Unter deinem Bett waren zwei Spinnennester.« Ihre mit lila Augentusche nachgedunkelten Lider verschwanden hinter den hervortretenden Augäpfeln, und sie begann »Iix! Ääx! Uh!« zu rufen, so daß

ihre Englischlehrerin, wäre sie zugegen gewesen, von soviel Kehlkopfknacklauten – englisch »glottal stops« – ohnmächtig geworden wäre. »Und warum bauen die ihre Nester gerade bei mir unterm Bett?« »Dort werden sie nicht oft gestört.« Direkter wollte ich nicht werden, und sie ist intelligent.

Am Abend hatte sie ihr inneres Gleichgewicht wiedergewonnen. Im Bett liegend, machte sie fast einen überlegenen Eindruck. Ihre Hausschuhe standen auf dem Klavier. »Die stelle ich jetzt immer dorthin«, sagte sie. »Damit keine Spinnen hineinkriechen können.«

Sie werden mir wahrscheinlich nicht widersprechen, wenn ich behaupte: Das ist kein politischer Text.

Nach einer Lesung in Münster, es dürfte im Herbst 1977 gewesen sein, kamen, den kleinen Finger eingehakt, ein Mädchen und ein Junge zurück in den leeren Saal, und einer der beiden sagte zur Bühne herauf, auf der ich noch signiert hatte: »Herr Kunze, wir wollten Ihnen nur sagen, endlich mal einer, der uns versteht.« Wenn Sie nicht nur über dreißig, sondern schon über vierzig sind, ist das fast ein Orden, denn es konnte noch nicht lange her gewesen sein, daß die beiden fünfzehn waren.

Da kam von der anderen Seite eine etwas untersetzte Dame meines Alters auf die Bühne, die ein Buch noch signiert haben wollte, und die beiden zogen ab. Ich holte den Füllhalter wieder hervor, und während die Dame das Buch auf den Tisch legte, sagte sie resolut: »Endlich mal einer, der *uns* versteht!«

Was will Politik? Was sollte sie zumindest wollen? U.a. nach außen wie im Innern Konflikte mildern,

Konflikte lösen und möglichst Konflikte vermeiden helfen…

»Endlich mal einer, der uns versteht.«

»Endlich mal einer, der *uns* versteht!«

Man muß das Jahr 1968 nicht selbst erlebt haben, um zu wissen, was es heißen kann, sich in seiner Zugehörigkeit zu einer Generation nicht verstanden zu fühlen.

Als ich die Geschichte schrieb, war ich mir dieser politischen Dimension jedoch nicht bewußt, und hätte ich die Geschichte darauf angelegt gehabt, Siebzehn- wie Vierzigjährigen das Gefühl zu geben, verstanden worden zu sein, wäre sie garantiert mißlungen. Der Alltag hatte mich lediglich genötigt, mich nicht nur in die eigene Tochter hineinzuversetzen, sondern auch in all die fremden Töchter und Söhne, die sich auf ihren Tennisschuhen unterschrieben hatten. Die Folge war, daß ich mich mit ihren Augen zu sehen begann – mich und die Eltern der anderen.

Die politische Wirkung der Geschichte, das generationsübergreifende Gefühl, auf Verständnis gestoßen zu sein, resultiert einzig aus dem Poetischen – zum einen also aus der erfundenen, auf ihren wesentlichen Gehalt reduzierten Wirklichkeit, die als solche wirkt (die Fünfzehnjährige und das Vater-Ich sind erfundene Figuren, in die Erlebnisse nicht nur mit der eigenen Tochter und nicht nur eigene Vater-Erfahrungen eingegangen sind), und zum anderen aus den Einfällen, zu denen die wirkliche Wirklichkeit inspirierte: »Sie trägt einen Rock, den kann man nicht beschreiben, denn schon ein einziges Wort wäre zu lang.«

Das Poetische – um der Einfachheit willen verwende ich den Begriff hier als Synonymum für das, was

Literatur zu Literatur macht –, das Poetische *ist* das Politische, das der Schriftsteller als *Schriftsteller* in die Gesellschaft einzubringen vermag.

Das schließt nicht aus, daß er sich in seinem Werk auch politischer Wirklichkeit stellt oder sich als Staatsbürger politisch äußert. (Wie die Tatsache, daß man von einem Politiker primär nicht Poesie, sondern Politik erwartet, nicht ausschließt, daß er, will er bildhaft sprechen, gelegentlich selbst nachdenkt. Wer zum neunundneunzigsten Mal die Floskel gebraucht »überflüssig wie ein Kropf«, der offenbart nicht nur Denkunlust, sondern martert auch Wählerohren. Erst muß die Botschaft durch das Ohr hindurch, ehe der Politiker die Stimme erhält, von denen jede zählt, und wenn Ohren weinen könnten, hätten sie sich beim sprachbewußten Teil des Volkes längst in Tränen aufgelöst, so daß schon aus diesem Grund keine politische Botschaft mehr ankäme.)

Meldet sich ein Schriftsteller außerhalb der Literatur politisch zu Wort, wird das Poetische in anderer Hinsicht zum Politikum, denn ihm, dem Poetischen, verdankt er als Autor seine Bekanntheit. Trägt er seinen Bekanntheitsgrad auf den politischen Markt, muß er sich dessen bewußt sein, daß er ein Gewicht auf die Waagschale stellt, das zwar poetisch, nicht aber – zumindest nicht in jedem Fall – politisch geeicht ist. Leider wird das Geschäft mit dem literarischen Ansehen von interessierter Seite desto kräftiger gefördert, je unlauterer es ist, je mehr also der Bekanntheitsgrad einer Autorin oder eines Autors deren ideologisch-selektiven Wirklichkeitswahrnehmung den Anschein von besonderer politischer Kompetenz verleiht.

Das Poetische, das auch schon deshalb politisch

wirkt, weil es die Phantasie fordert und die Fähigkeit ausbildet, sich in andere Menschen hineinzuversetzen und ihre Gefühle nicht nur nach-, sondern auch vorauszuempfinden, was die Hemmschwelle zur Brutalität erhöht, das Poetische bleibt selbstverständlich auch dann das Eigentliche, was der Schriftsteller zu leisten vermag, wenn er sich in seinem Werk politischer Wirklichkeit annimmt – das heißt, wenn sie in ihm den Schriftsteller stellt. »Politisch Lied« ist kein »garstig Lied«, solange es nicht das Lied einer garstigen Politik ist, aber es wird nicht die geringste Wirkung haben, wenn es nur politisch ist und kein Lied. (Wörter und formale Elemente des Poetischen sind natürlich auch mißbrauchbar, wie Töne und musikalische Formelemente mißbrauchbar sind, und während meines Studiums in Leipzig Anfang der fünfziger Jahre ist uns dieser Mißbrauch als das literarisch Erstrebenswerte gelehrt worden. Später haben wir, wenn auch vermutlich nur in einer verschwindenden Minderheit, mit Entsetzen begriffen, daß Horst Wessel hatte grüßen lassen.)

Auch das politisch inspirierte literarische Werk muß, um es mit den Worten Hans-Georg Gadamers zu sagen, ein »Zuwachs« sein »an Sein«.

Erlauben Sie, daß ich meine Rede in umgekehrter Reihenfolge schließe, als ich sie begonnen habe. Ich werde Ihnen zuerst noch eine Geschichte erzählen und dann, zum Abschluß, ein kurzes Stück politischer Prosa vorlesen.

Ort der Geschichte: Greiz in Thüringen, Erweiterte Oberschule. Zeit: Erste Hälfte der siebziger Jahre. Eine Geschichte also aus der DDR. Ein Schüler der zehnten Klasse wird wiederholt während des Unterrichts ins Direktorzimmer gerufen, wo sich ein sympathischer fremder Herr mit ihm über seine Zukunft unterhält und ihm eines Tages eröffnet, daß die Partei ihm vertraue und ihm eine streng geheime Aufgabe zu übertragen gedenke. Was das Humanste sei, fragt der Herr, und er antwortet: Das Humanste sei vorzubeugen, also Menschen davor zu bewahren, Fehler zu machen und Schuld auf sich zu laden. Und weiter fragt er: Wie solle die Partei aber frühzeitig die nötigen Maßnahmen ergreifen können, wenn sie nicht weiß, was die Menschen denken? Der Herr kennt auch hierauf die Antwort: Die Partei beauftrage klassenbewußte Genossen und FDJ-Mitglieder wie ihn, den Schüler, die zuständigen Organe sofort zu informieren, wenn ein Mitschüler, ein Lehrer oder eine andere Person eine bedenkliche Meinung vertritt. Der Schüler fühlt sich überaus geehrt, verpflichtet sich mit seiner Unterschrift, gegenüber jedermann zu schweigen, und liefert fortan jeden Donnerstag um 17 Uhr in einer vom Staatssicherheitsdienst gemieteten Kontaktwohnung seinen Bericht über verdächtige Äußerungen und suspekte Vorkommnisse ab.

Einmal aber vergißt er, daß Donnerstag ist, und um das Versäumte nachzuholen, sucht er die Kontaktwohnung am nächsten Tag um 17 Uhr auf. Vor der Tür trifft er einen Klassenkameraden.

»Machst'n du hier?«

»Machst'n *du* hier?«

Ich habe Ihnen diese Geschichte erzählt, damit Sie eine der Ursachen für das Bedürfnis nach Zuflucht kennen, von dem im folgenden Text die Rede ist.

In ihm sind vier Zitate eingebaut: Ein Zitat von Johann Christoph Altnikol, einem Schüler und Schwiegersohn Johann Sebastian Bachs, der sich über die

Naumburger Wenzelsorgel äußert, ein Zitat von Robert Schumann, der auf den Leipziger Kirchhof geht, die Ruhestätte eines Großen aufzusuchen, ein Zitat von Johann Gottfried Herder, der der Begeisterung das Wort redet, und eine Stelle aus einer Predigt über die Musik von Abraham a Santa Clara.

Folgende Anmerkung ist dem Text vorangestellt:

Die Schulbehörde in N. wies die Direktoren an zu verhindern, daß Fach- und Oberschüler die Mittwochabend-Orgelkonzerte besuchen. Lehrer fingen Schüler vor dem Kirchenportal ab und sagten den Eltern: Entweder – oder. Eltern sagten ihren Kindern: Entweder – oder. Bald reichten die Sitzplätze im Schiff und auf den Emporen nicht mehr aus.
(Meldung, die in keiner Zeitung stand)

ORGELKONZERT
(Toccata und Fuge)

Hier müssen sie nicht sagen, was sie nicht denken. Hier umfängt sie das Nichtalltägliche, und sie müssen mit keinem Kompromiß dafür zahlen; nicht einmal mit dem Ablegen ihrer Jeans. Hier ist der Ruhepunkt der Woche. Sie sind sich einig im Hiersein. Hier herrscht die Orgel.

Alle Orgeln –
die namenlosen, von denen jede »unsere Orgel« heißt, die berühmten, die Silbermannschen, die Orgel im Dom zu Freiberg, die kleinen, die Orgel in der Wehrkirche zu Pomßen (zwölf Register, Cimbelton und Vogelgesang), die machtvollen, die

Naumburger Wenzelsorgel (»Man muß aber auch ein angenehmes Schrecken fühlen, und mit der bewenden Kirche gleichsam zu zittern anfangen, wenn die etlich und fünfzig Register mit dem durchdringenden Pedal zusammen gezogen werden, die mit einem so gewaltigen Schalle ertönen, daß das Gehör gleichsam davon betäubet wird, und man fast denken solte, als wenn es ein Krachen von einem rollenden Donner wäre«),
alle Orgeln –
die im Westen: die Mühlhausener Orgel Johann Sebastian Bachs (»Eines Abends ging ich nach dem Leipziger Kirchhof, die Ruhestätte eines Großen aufzusuchen: viele Stunden lang forschte ich kreuz und quer – ich fand kein ›J.S. Bach‹…und als ich den Totengräber darum fragte, schüttelte er über die Obskurität des Mannes den Kopf und meinte: Bachs gäb's viele«),
die im Norden: Die Güstrower Domorgel über Barlachs »Schwebendem«, dem entarteten, eingeschmolzenen und wiederauferstandenen,
die im Süden: die Orgel zu Weimar, unter deren Empore der Sarg Johann Gottfried Herders steht (»Ohne Begeisterung geschah nichts Großes und Gutes auf der Erde; die man für Schwärmer hielt, haben dem menschlichen Geschlecht die nützlichsten Dienste geleistet. Trotz allen Spottes, trotz jeder Verfolgung und Verachtung drangen sie durch, und wenn sie nicht zum Ziele kamen, so kamen sie doch weiter und brachten weiter«),
die im Osten: die Orgel zu St. Peter und St. Paul in Görlitz, die über und über mit Sonnen bedeckte, flammende, die Licht-, die Sonnenorgel (»Salve!

mein schöne Grammatica und Rhetorica; Servitor! meine schöne Logica und Arithmetica; Bassio le man! meine schöne Geometrica und Astronomia. Aber sey mir tausendmal willkommen! mein löbliche, liebliche, künstliche, köstliche, vornehme und angenehme Musica! Andere seynd zwar freye Künsten, du aber bist eine freye und fröhliche Kunst; du bist eine Portion vom Himmel, du bist ein Abriß der ewigen Freuden, du bist ein Pflaster für die Melancholey, du bist ein Versöhnung der Gemüter, du bist ein Sporn der Andacht, du bist ein Arbeit der Engel, du bist ein Aufenthaltung der Alten, du bist ein Ergötzlichkeit der Jungen«),
alle Orgeln – unter wessen Dach auch immer –
müßten mit einem Mal zu spielen beginnen,
einsetzen mit vollem Werk,
mit ihren tiefsten Pfeifen, den zehnmeterhohen, und mit ihren höchsten, den millimetergroßen, mit ihrem Holz und Metall, ihren Zungen und Lippen;
alle Orgeln –
die im Osten, Süden, Norden, Westen, die sechstausendeinhundertundelf klingenden Pfeifen in der Kreuzkirche zu Dresden, das Betstubenpositiv der Grube Himmelsfürst zu Freiberg, die von Bach geprüfte Orgel zu Hohnstein, die zu Kirchdorf, die einfach »unsere Orgel« heißt –
sie alle müßten plötzlich zu tönen beginnen und die Lügen, von denen die Luft schon so gesättigt ist, daß der um Ehrlichkeit Bemühte kaum noch atmen kann, hinwegfegen – unter wessen Dach hervor auch immer, hinwegdröhnen all den Terror im Geiste…
Wenigstens ein einziges Mal, wenigstens für einen Mittwochabend.

Thema verfehlt

Symposium anläßlich des zehnjährigen Bestehens
des Collegium europaeum Jenense
an der Friedrich-Schiller-Universität Jena
am 11. Januar 2001

Mir wurde geheißen, darüber nachzudenken, wie künftig »Kunst und Dichtung im Dialog der Völker und in unserem Alltagsleben eine günstigere Position erhalten und zunehmende Oberflächlichkeiten in der Kultur vermindert werden könnten«.

Wenn ich das wüßte! Schlimmer noch: Wenn ich wenigstens an eine Entwicklung in dieser Richtung glauben könnte! Tun kann man allerdings immer etwas, wenn man für sich selbst die Schlüsse zieht aus dem, was ist. Also werde ich lediglich das, was ist, ein wenig ins Bewußtsein holen.

Bei einem meiner Aufenthalte in Namibia ging ich in einem Farmdorf ein und aus, das von Nama und Damara bewohnt wurde. In der Gegend hatte es zehn Jahre nicht oder nur ungenügend geregnet, und das Land glich einer Steinwüste. Die Wildfarm lag wirtschaftlich am Boden, denn tausende Tiere waren verendet, und die meisten der Schwarzen hatten keine Arbeit. Arbeitslosenunterstützung existierte nicht. Eine dreizehnköpfige Großfamilie lebte von der Altersrente eines ihrer Mitglieder, die umgerechnet 55 DM betrug – bei etwas niedrigeren Lebensmittelpreisen als in Europa, aber bei ähnlich hohen Preisen für Industriegüter. Achtzehn Kinder und einige Erwachsene litten an offener Tbc, die ambulant behandelt wurde. In regelmäßigen Abständen fuhr jemand von der Farm zur 90 km entfernten Pflegestation, um für alle Erkrankten die Antibiotika abzuholen, und übergab sie dem Dorfvorsteher, der sie in einem Lederbeutel verwahrte. Wer Grippe hatte, bekam eine Handvoll. Fünf Eselskarrenstunden vom Dorf entfernt wohnten eine siebenundzwanzigjährige Frau, ihr Mann, sieben Kinder, einige kleine Hunde und die Küken in einer einräumigen Hütte mit Wellblechdach. Traten die Menschen vor die Tür, erblickten sie bis zum Horizont fast nur Steine. Das war keine Ausnahmesituation, sondern das Leben.

Hin und wieder lud die Dorfjugend zu einem Konzert ein, das in einer massiv gebauten größeren Hütte stattfand, die als Kirche diente, und zu dem nahezu alle Bewohner erschienen – die Greise wie die jungen Mütter mit dem Säugling auf dem Schoß und selbstverständlich das ganze Kindergewimmel, das sich auf dem Fußboden ausbreitete und beim ersten Ton erstarrte. Das Konzert dauerte von Sonnenuntergang, also von achtzehn, neunzehn Uhr, bis nach Mitternacht. Da es keine Elektrizität gab und auf dem Altar nur zwei Petroleumlampen und ein, zwei Kerzen brannten, war es in dem Raum fast dunkel.

Der melodische und rhythmische Reichtum der Gesänge, ihre komplizierte Vielstimmigkeit, die Musikalität der jungen Leute und ihre Stimmen, vor allem die Bässe, versetzten mich in ein Dauerstaunen und überzogen die Seele zuweilen mit einer Art Gänsehaut. Dabei wußte ich anfangs nicht, daß von der Sehnsucht des Wanderarbeiters nach der Frau und den Kindern gesungen wurde, von der Wehmut der Schüler in den Internaten, von einem Lehrer, der so viele Fehler machte, daß die Schüler beschlossen, eine Schule für Lehrer zu gründen, von der Angst eines Mädchens vor der Liebe und von Gott. Die Genres reichten vom Spott- und Nonsenslied bis zum Choral. Interessanterweise – das wurde mir aber erst später bewußt – haben sie nie ein Marschlied gesungen. Die Zuhörer lauschten mit angehaltenem Atem, verklärt, betroffen, amüsiert und erheitert. Sie riefen dazwischen, lachten lauthals, spendeten frenetisch Beifall – und husteten. Wahrscheinlich war die Luft tuberkelgesättigt. Als ich einmal kurz vor Mitternacht aufgab, lehnte draußen eine Frau an der Wand, spie aus tiefster Lunge aus und zündete sich eine Zigarette an. In der Hütte sangen sie noch immer. Ringsum nichts als Hunderte Quadratkilometer Steinwüste, und auch der Himmel war voller gewaltiger Steine.

Ich erzähle Ihnen das nicht, weil ich meinte, es bedürfe der Armut, um der Kunst zu bedürfen. Auch will ich vom Heute nicht das Gestern – es gibt eine Weltmoderne, die mich hinzureißen vermag, und sie hat viele Namen. Ich erzähle Ihnen das einzig der Frage wegen: Was soll Kunst?

Meine Frau und ich, wir waren vor kurzem zur Eröffnung einer Veranstaltungsreihe eingeladen, in deren Mittelpunkt ein Land der Europäischen Union stand. In der Halle war ein langer schwarzer Eisensteg errichtet, in dessen Lauffläche eine Reihe Bildschirme eingelassen war, die alle ein und dasselbe Muster reproduzierten. Aus Lautsprecherboxen tönte Wassergeplätscher. Ein bekannter Kunstwissenschaftler zeigte sich einigermaßen befremdet, daß ich angesichts dieses Kunstwerks eines international erfolgreichen Künstlers keinerlei Erregung offenbarte, und erklärte mir, diese geniale Installation symbolisiere den Gang der Geschichte, die Entwicklung, also alles Fließende, und in seiner Rede heftete er den Namen des anwesenden Schöpfers an die EU-Sterne. Zwischen den Ansprachen – u.a. von einem führenden Europapolitiker und einem Staatsminister – betrat dreimal ein Komponist mit Posaune den Steg, um eine von ihm eigens für diese Veranstaltung geschaffene Auftragskomposition uraufzuführen. Sie war betitelt »Wanderungen 1 bis 3«. Er umschritt jeweils langsam die Bildschirmzeile, hielt ab und zu inne und erzeugte Atemgeräusche, die durch das Instrument verstärkt wurden. Wenn schon niemand mehr einen Posaunenton erwartete, blies er einige. Ihre Beliebigkeit war eine Demütigung der Zuhörer. Der Europapolitiker rühmte den Künstler jedoch und sagte, er sei stolz, sein Landsmann zu sein. Ich schämte mich, im Publikum zu sitzen, und ich schämte mich meiner Spezies.

Ein letztes Erlebnis: In dem namibischen Schwarzendorf, von dem ich erzählte, gründete das junge Farmerehepaar 1978, also noch in der Apartheid, eine Schule für schwarze und weiße Kinder, was, wie mir versichert wurde, im gesamten südlichen Afrika einmalig gewesen sei. Die Farmersfrau, eine ausgebildete Lehrerin, unterrichtete die Kinder selbst, und zwar Schwarze und Weiße in ein und derselben Klasse – die weißen Kinder waren ihre eigenen. Eines Tages fragte sie die kleinen Nama und Damara, was ihnen an den Menschen, die sie kannten, am besten gefalle, so daß eine Werteskala entstand. Am häufigsten sei »Großzügigkeit« genannt worden, wobei Nachfragen ergeben hätten, daß nicht nur Freigebigkeit gemeint gewesen war, sondern auch die Bereitschaft zu verzeihen. An zweiter Stelle der am meisten geschätzten Eigenschaften habe »Freundlichkeit« rangiert, an dritter »Heiterkeit«. Ich entsann mich der Fragen, die mir Erstkläßler in einer Schule bei Passau gestellt hatten: Wieviel verdienen Sie? Wie lange muß man schreiben, bis ein Buch fertig ist? Sind Sie so reich wie Beckenbauer? Haben Sie einen Porsche? Danach zu fragen, ob es Spaß macht, ein Buch zu schreiben, war keiner und keinem der Siebenjährigen in den Sinn gekommen – sie hatten ausnahmslos nach Geld und Quantum gefragt.

Wie künftig »Kunst und Dichtung im Dialog der Völker und in unserem Alltagsleben eine günstigere Position erhalten und zunehmende Oberflächlichkeiten in der Kultur vermindert werden könnten«…

In der neunten oder zehnten Klasse warf in einem Zornesausbruch der von mir im nachhinein sehr verehrte Direktor der Oberschule Stollberg im Erzgebirge, Fritz Bellmann, seinen vielbärtigen Schlüsselbund nach mir und verfehlte meinen Kopf glücklicherweise ebenso, wie ich unglücklicherweise das Aufsatzthema verfehlt gehabt hatte. Lassen Sie Ihre Schlüsselbunde bitte in der Tasche.

Verleihung des Hans-Sahl-Literaturpreises
am 4. Oktober 2001 in Berlin

Egon Erwin Kisch riet Hans Sahl zu bereuen. »Ich möchte nicht, daß wir gezwungen sind, dich zu bekämpfen«, sagte Kisch zu Sahl. »Wenn du willst, bringe ich die Sache wieder in Ordnung. Sofort. Du brauchst nur ein Wort zu sagen.« Hans Sahl sagte das Wort nicht. Die meisten von Ihnen wissen, was vorausgegangen war. Sahl hatte Kisch sein Entsetzen über den Stalin-Hitler-Pakt gestanden und das Glaubensbekenntnis geerntet: »Beruhige dich, Stalin denkt für uns«, woraufhin Sahl, wie er schreibt, gewußt habe, »daß die Zeit gekommen war, eine Entscheidung zu treffen«. Er traf sie, als er als Vorstandsmitglied des Schutzverbandes deutscher Schriftsteller eine Denunziation Leopold Schwarzschilds unterschreiben sollte, der die stalinistischen Schauprozesse einer entlarvenden Kritik unterzogen hatte – Hans Sahl trat aus dem Schutzverband aus, wissend, was das für ihn als Exilanten bedeutete. Während einer der Auseinandersetzungen mit ihm hatte ein Arbeiterschriftsteller und späterer Namenspatron zahlreicher DDR-Kulturhäuser die Frage gestellt, wie man mit einem Menschen verfahren solle, dem man vertraut hat und der sich nun als Verräter erweist, und die Antwort selbst gegeben: »Am nächsten Laternenpfahl aufhängen.«

Heute, mehr als ein halbes Jahrhundert danach, hat man es in den demokratischen Ländern nicht mehr nötig, einem Abtrünnigen mit dem Strick zu drohen, man dreht ihn seinem Ruf, und man hat Zeit, über den Tod hinaus zu ächten. Markantestes Beispiel: Der Fall Albert Camus.

»Camus' Streit mit bestimmten Vertretern der französischen linken und rechten Intelligenz ist bis heute nicht beigelegt«, schreibt Olivier Todd, Verfasser der kenntnisreichsten Camus-Biographie. »Wenn man sich auf die französischen Linken beschränkt, die ihre Ablehnung und ihre Kritik theoretisch begründeten,…so rettete der berühmteste unter ihnen, Camus, in Frankreich die Ehre der in einen Totalitarismus geglittenen Intellektuellen. Camus, der Mann guten und entschiedenen Willens, beging ein großes Verbrechen: Angesichts des Kommunismus löste er sich von Sartre… und hatte – zu früh – recht.« Albert Camus, für den die Rechte stets gleichbedeutend war mit »Unterdrückung und Fortschrittsfeindlichkeit«, war nicht bereit gewesen, den »typischen Verrat der Intellektuellen« zu begehen, »sorgfältig zwischen guten und bösen Konzentrationslagern, zwischen gutem und bösem Antisemitismus zu unterscheiden«, und da, nach Todd, die Losung seiner Gegner lauten könnte, lieber mit Sartre im Unrecht als mit Camus im Recht, diskreditieren sie bis auf den heutigen Tag ein weltbewegendes schriftstellerisches Werk und einen integren Menschen. Das Außerliterarische und Inhumane der Kriterien, auf die sie sich berufen, liegt offen zutage. So lautet die zentrale Anklage, Camus habe – ich zitiere aus einem schon klassischen Pamphlet von Jean-Jacques Brochier – »stillschweigend oder explizit die bestehende Ordnung« unterstützt und »in unserer kapitalistischen und christlichen Kultur nie als Störfaktor gewirkt«. Des weiteren heißt es bei Brochier: »Seine [Camus'] Appelle an das Mitgefühl sind vielleicht das, was uns an ihm am meisten abstößt.« Ich entsinne mich eines deutschen Wochenzeitungskommentars, der vor Abfälligkeit gegenüber Camus troff.

Im Prinzip hat sich, was die Ächtung derer betrifft, die sich der ideologischen Räson verweigern, auch seit der mutigen Verweigerung Hans Sahls nichts geändert. Diese Ächtung ist zeitlich unbegrenzt und wirkt weltweit, zumindest so weit, wie das Myzel der Ächter reicht. Diese Ächtung ist intellektuelles Cäsium 135.

Immerhin gibt es heute nicht nur einen Egon-Erwin-Kisch-Preis, sondern auch einen Preis mit dem Namen Hans Sahls.

Lassen Sie mich mit einem Wort Hans Sahls schließen: In seinem Buch »Das Exil im Exil« schreibt er: »Ich glaube, die Entscheidung zur Freiheit ist fast noch wichtiger als die Freiheit selber.«

Hoffnung auf Heimkehr

Verleihung des Kunstpreises
zur deutsch-tschechischen Verständigung
am 16. Oktober 2002 in Berlin

Ich möchte einer Bringepflicht genügen. Ich rufe zwei tschechische Dichter in Ihr Bewußtsein, die auch in unser Bewußtsein erst spät getreten sind. Sie wurden lange aus der Welt hinausgeschwiegen.

Einer der angesehensten Literaturkritiker der Tschechoslowakei, F.X. Šalda, schrieb bereits 1933 über den Dichter Jan Zahradníček, geboren 1905, er sei »ein großer Zauberer des Verses«, und kurz nach Kriegsende urteilte dessen Kollege Robert Konečný: »Ich behaupte, Zahradníčeks Poesie ist größte zeitgenössische Poesie, und er selbst ist unser größter zeitgenössischer Dichter.« Nach der Machtübernahme durch die Kommunistische Partei wurde Jan Zahradníček jedoch verhaftet und 1952 wegen Zugehörigkeit zu der angeblich antistaatlichen »Gruppe verstreuter katholischer Dichter« zu dreizehn Jahren Gefängnis verurteilt.

Jan Zahradníček

Ich habe nachbarn rechts und nachbarn links.
Auch unter den füßen und über dem kopf.
        So nah,
und zwischen uns die schluchten dieser zellen-
        decken, dieser wände.
Jeder sind wir allein.
Ein tropfen des brausenden flusses All.
Und wenn wir einander klopfzeichen geben,
ist's das klopfen von bergleuten, verschüttet viele
        hundert meter unter der erde.
Signale sind's vom Mars.
Nie sahen wir einander, verabredeten weder
        zeichen noch schlüssel,

nach denen wir unsre depeschen entschlüsseln
könnten.
Und so vermutet ein jeder nur, daß hinter der
wand dort ein ich harrt wie er,
ein ähnliches bündel verzweifelter hoffnung,
hin- und hergeworfen zwischen zukunft und
vergangenheit,
zwischen tür und fenster, das jeden mit dem gitter
kreuzigt.
Wir wissen weder, wo, noch wissen wir, wohin.
Nur das ferne hundegebell und das summen
der fliegen geben uns die gewißheit,
nicht auf einen anderen stern deportiert zu sein,
nicht auf den mars, nicht auf den mond,
sondern daß wir noch immer
der erde gehören.
Das läßt uns hoffen auf heimkehr, das tröstet,
wenn morgens die sonne unterschiedslos die zellen
betritt
und ihre goldene ikone sich dann mit liturgischem
ernst
den ganzen vormittag
von ecke zu ecke bewegt,
die leeren wände empor, hinweg
über das armselige gefängnismobiliar.
Die erde ist's, die sich so mit uns dreht.
In großer ferne ist vom Himalaja bis zum Kaukasus
der mittag dann schon vorgeschritten,
und millionen sträflinge singen ihm dort ihre dumka.
Schließlich überquert er die großen ströme des
ostens,
naht sich anderen gebirgen, anderen flüssen,
naht sich uns.

Am anderen ende der welt
schreitet inzwischen das mitternachtspferd,
als zöge es die ferne sonne,
durcheilt die prärie vom Atlantik zum Stillen Ozean,
und zwischen Boston und San Francisco lassen
die städte
eine nach der anderen
die jalousien herunter, fallen die müden augen zu.
Und beide Amerika schwimmen durch
die finsternis wie schiffe schlafender,
an den Kordillierenmasten und den masten
der Anden
die lichter des Elias.

Also sind wir noch auf der erde, wenn auch so
außerhalb von ihr,
fern jeder nachricht von den überspringenden
funken der spannungen
zwischen den völkern des ostens und den völkern
des westens.
Wir geben klopfzeichen, um uns gegenseitig zu
versichern,
daß wir zu den zwei milliarden von Evas
vertriebenen söhnen gehören.
Und von beiden seiten der welt, zerrissen wie der
tempelvorhang,
wächst durch uns bis in die finsternis des mundes
ein unaussprechliches stöhnen,
und gott hört es.

GRUSS

Ich schickte einen gruß dir durch den mond,
als er durchs gitter meines fensters mich erblickte,
und bat ihn leis, daß deinen schlaf er schont
und dir ans fenster lehnt den gruß, den ich dir
schickte.

Wie die nächte, die sich legen zwischen dich
und mich,
im juli rascheln, wie von baum zu baum
sich weitersagt, was die heimat ewiglich
den kindern flüstert in den traum.

Wie rauscht die erde zwischen dir und mir,
so rühren fichte, korn und quelle sich.
So weit ist es von mir zu dir,
so nah spür ihren atem ich.

Schlaf mit den kindern in der ferne,
sie werden stets die erde mutter heißen,
schlaf unterm stirnband feuchter sommersterne
nah ihrem atem, daß sie nicht verwaisen.

Mir ist, als hätt' ich neben dir gewacht,
du drehtest dich und stöhntest bitter.
Oder streichelte im rascheln dieser nacht
der mond mich durch das gitter?

Das Antistaatliche der Gruppierung, zu der sich Jan Zahradníček zählte, dürfte darin bestanden haben, daß es ihre tief im Glauben verwurzelten Mitglieder ablehnten, die Partei »Mutter« zu nennen.

Schlaf mit den kindern in der ferne,
sie werden stets die *erde* mutter heißen...

Als Zahradníček 1960 nach neunjähriger Haft durch eine allgemeine Amnestie freikam, war seine Gesundheit ruiniert, er starb noch im selben Jahr. 1966 wurde er rehabilitiert, doch die Invasion durch die Truppen des Warschauer Paktes 1968 sorgte dafür, daß sein dichterisches Werk einer weiteren Lesergeneration vorenthalten wurde.

Ivan Blatný, geboren 1919, hatte bereits vier Gedichtbände veröffentlicht und galt als einer der bedeutendsten Dichter seiner Generation, als er 1948 in Großbritannien um politisches Asyl bat. Sein Weggefährte, der Surrealist Záviš Kalandra, wurde in der Tschechoslowakei hingerichtet, und ein berühmter und politisch einflußreicher Kollege rief Blatný damals öffentlich nach: »Du abartiger Dichter... Du hast das Volk verraten, indes wir hier arbeiten... Du wirst einmal Brückenzoll zahlen...« Aus Angst vor einer Entführung verfiel Blatný einem Verfolgungswahn, der sich erst gab, als der Dichter u.a. in die Psychiatrie Ipswich aufgenommen wurde, wo er von 1954 bis zu seinem Tod im Jahre 1990 lebte. In ihrer sprachlichen Unkenntnis vernichteten die Wärter all seine Gedichte. Frances Meacham, eine Mitarbeiterin des Gesundheitswesens, die Tschechisch sprach, entdeckte jedoch bei einer Inspektion der Anstalt einige Manuskripte Blatnýs und erkannte die poetische Qualität der Gedichte, rettete über die Jahre an die tausend Texte und schickte eine Anzahl von ihnen dem Ehepaar Škvorecký, das in Toronto den Exilvertrag »Sixty-eight Publishers« gegründet hatte und den Gedichtband »Alte Wohnsitze« herausbrachte.

In seinem Buch »Die verbannten Dichter« schildert Jürgen Serke die Umstände, unter denen Ivan Blatný über drei Jahrzehnte gelebt hat. »Ein Mann, der sich...sein Taschengeld mit dem Schrubben von Fußböden, mit Botendiensten in der Anstalt und mit Teppichknüpfen verdiente«, schreibt Serke. Blatný zeigt ihm »sein« Zimmer – einen »weißen Saal, der die Form eines Halbkreises hat«, und in dem zehn Betten stehen. »Abends um zehn wird das Licht im Saal abgedreht«, sagt der Dichter, »und oft habe ich dann so meine Gedanken. Ich stehe auf, nehme ein paar Blätter Papier...und gehe auf die Toilette. Dort brennt die ganze Nacht Licht. Dort schreibe ich.«

Ivan Blatný
HERBST

Laub zusammenkehren in den parks, was für ein
stilles tun.
Hin- und hergehn, selbst im tun ist schon ein ruhn,
so kehrt die zeit zurück, die ferne, die einst rief,
nostalgisch wie die marke auf dem brief.

Einen fand ich, bleistiftschrift, zerknittert,
regenausgewischt, schon halb verwittert.

O zeit der briefe, sag, wo deine blätter treiben!
Ich konnte, wie einst Rilke, lange briefe schreiben;
ade, ich schweige, der november krächzt im ohr.
Rote rösser traben aus dem tor.

Tip, den Verstand zu verlieren

Eröffnung
der Ausstellung von 120 Originalfotografien
zu dem Buch »Der Kuß der Koi«
am 30. Oktober 2002 in Frankfurt am Main

Koi sind japanische Farbkarpfen, die eigentlich »Brokatkoi« heißen müßten, denn die Japaner nennen sie »Nishikigoi«, und »Nishiki« bezeichnet ein prachtvolles, oft mit Gold- und Silberfäden durchwirktes Gewebe.

Diese Fische werden bis zu dreißig Jahre alt und einen Meter lang.

Ich habe mit Koi zusammengelebt – sie selbstverständlich *im* Teich, ich außerhalb des Teiches – und sie vier Sommer lang fotografiert. Nicht mit einer Unterwasserkamera, nicht durch die Glasscheibe eines Aquariums, sondern vom Teichrand aus. Wenn Sie von mir einen Tip haben wollten, wie Sie den Verstand verlieren können, würde ich Ihnen empfehlen, mit einem normalen Fotoapparat vom Teichrand aus Fische zu fotografieren – und zwar mit dem Ehrgeiz, sie zu porträtieren, jeden einzelnen in seiner Individualität zu erfassen. Nach einer gewissen Zeit würden Sie sich von Ihrer Frau oder Ihrem Mann fragen lassen müssen, ob Sie, als Sie sich auf dieses Unterfangen einließen, überhaupt einen Verstand zu verlieren hatten.

Lassen Sie mich Ihnen zwei Gründe nennen, die mich bewogen haben, vier schon relativ späte Lebensjahre in dieses Buch zu investieren, es zu schreiben und die Fische zu fotografieren.

Der erste Grund: Ich sah plötzlich die Möglichkeit, etwas noch zu machen, das etwas Schönem galt, und da das absolut nicht in unsere Zeit paßt, reizte mich diese Möglichkeit doppelt. Die Schönheit der Koi läßt sich jedoch nur mit den Augen wahrnehmen, und so bedurfte es noch eines anderen Mediums als der Sprache – der Fotografie.

Der zweite Grund: Mich überraschte und faszinierte, daß jeder der Fische in seinem Verhalten und in seinen Intelligenzleistungen eine Individualität zu sein schien.

Manche der Koi unterschieden sich voneinander bereits in einer so primitiven Lebensäußerung wie der Art des Futteraufnehmens. Es gab den lethargischen Fresser, der selbst dann das Maul nicht öffnete, wenn das Futter bereits über der Oberlippe schwamm, so daß ich anfangs befürchtete, er sei krank. Ein anderer riß das Futter aus dem Wasser, als sei es ein Stück Fleisch aus einem Beutetier. Wieder ein anderer pflegte vom Grund aus eine bestimmte Futteransammlung an der Teichoberfläche ins Visier zu nehmen, nach oben zu schießen und, das Ziel im Maul, zurück in die Tiefe zu tauchen, um dort das Futter gemächlich zu zermahlen.

Diese Fische, die seit Jahrhunderten mit dem Menschen zusammenleben, kommunizieren mit ihm. Einer meiner Koi reagierte auf die Stimme. Ich konnte ihn rufen. Wenn er sich vom Teichrand entfernte und ich rief, wendete er, hielt im Schwimmen inne, blickte, erkannte, kam geschwommen, legte sich auf meine Hand im Wasser und wurde schwer. Dann haben wir uns eine Weile angeblickt. Ich weiß nicht, was er empfunden hat, aber er muß sich wohlgefühlt haben. Sein Vertrauen war absolut.

Getrocknete Seidenraupenpuppen sind für Koi eine Delikatesse. Ich verfütterte sie stets mit der Hand, steckte sie also jedem Fisch einzeln ins Maul, so daß sich meist ein Pulk bildete und die anderen Warteschleifen schwammen. Einmal näherte sich während des Fütterns einer der Fische von der entgegengesetzten Seite, stieß mit dem Maul gegen den Handrücken, so daß der Koi, den ich fütterte, erschrocken abdrehte, dockte an einem Fingerknöchel an, sog sich fest und schleppte rückwärtsschwimmend mit der Kraft eines korpulenten Fisches von einem halben Meter Länge die fütternde Hand ab wie einen gekaperten Frachtkahn.

Seien Sie unbesorgt, ich gehöre nicht zu denen, die etwas in Tiere hineingeheimnissen oder sie vermenschlichen. Ich erzähle Ihnen nur, was ich beobachtet habe.

Heute weiß ich jedoch mehr, als ich damals wußte. Einige Wissenschaftler auf dem Gebiet der kognitiven Ethologie, also jenes Zweiges der Verhaltensforschung, der die geistigen Fähigkeiten der Tiere untersucht, haben der Mißachtung der Fische, die auf der stammesgeschichtlichen Entwicklungsleiter sehr weit unten stehen, ein Ende bereitet und Überraschendes zutage gefördert. Sie haben entdeckt, daß bestimmte Fische zu geistigen Leistungen fähig sind, die denen der Primaten gleichen oder zumindest ähneln. Während bei höheren Säugern die Entwicklung der Intelligenz mit dem Wachstum der Großhirnrinde einherging, haben bei den Fischen die Hirnbereiche sich hochgradig differenziert und zum Teil Intelligenzfunktionen übernommen. In ihrem Vorderhirn wurden Neuronenansammlungen nachgewiesen, die als Vorläufer unserer Großhirnrinde angesehen werden müssen.

Der Tücken, die Teichfotografie bereithält, sind viele, und je banaler sie sind, desto eher können sie Sie zur Verzweiflung bringen. Das beginnt damit, daß Fotografieren von außen in den Teich hinein extrem sonnenlichtabhängig ist, die Schärfe- und Belichtungsautomatik Ihrer Kamera aber auf vom Wasser reflektiertes flimmerndes oder blitzendes Sonnenlicht damit zu reagieren pflegt, daß sie den Auslöser blokkiert. Schon ein Wasserschwanken kann die Blockade auslösen, von einer aus dem Wasser herausragenden wedelnden und spritzenden Schwanzflosse ganz zu schweigen. Die Voraussetzung dafür, daß Sie fotografieren können oder es zumindest Sinn macht zu fotografieren, die Sonneneinstrahlung, ist also zugleich ein Haupthindernis, denn sie setzt dem fototechnisch Machbaren Grenzen. Polfilter sind wegen ihres Verlängerungsfaktors ungeeignet.

Wer nie vom Teichrand aus Fische fotografiert hat, hat keine Vorstellung davon, was alles auf dem Wasserspiegel schwimmen und das Foto unbrauchbar machen kann. Im Film, der die Fische in Bewegung zeigt, spielt das keine Rolle, aber wenn das Treibgut in dem Moment, in dem Sie auslösen, genau das Auge des Fisches verdeckt, können Sie die Aufnahme vergessen. Neben Fischexkrementen und Luftblasen kommen Ihnen je nach Jahreszeit Blütenstaubschlieren, Blütenblätter, Flugsamen, Laub, Mückenlarven, oder diverse ertrunkene Insekten ins Bild. Luftblasen wirken wie konvexe Linsen und können den Fisch bis zur Verkrüppelung entstellen. Was nicht auf der Wasseroberfläche schwimmt, sich aber dennoch auf ihr befindet, ist die gespiegelte Welt. Auch sie kann die Bildschärfe auf sich ziehen, so daß der tiefer schwimmende Fisch unscharf wird. (Wobei gerechterweise gesagt werden muß, daß Luftblasen und Spiegelbilder zu jenen Luft-, Licht- und Wasserphänomenen gehören, denen einzigartige fotografische Effekte zu danken sind.)

Noch mehr als *auf* dem Teich schwimmt *im* Teich. Teichwasser, auch das klarste, ist durchsetzt von Mikroorganismen, dem Plankton, das den Fisch je nach Tiefe, in der er steht, zunehmend unscharf erscheinen läßt. Diese Unschärfe kann keine Optik ausgleichen. Der Fisch, den Sie fotografieren wollen, sollte also möglichst unmittelbar unter der Wasseroberfläche stehen, was der Fisch jedoch nicht weiß. Auch sollte er Ihnen das Gesicht von der Seite oder in einem Winkel darbieten, der es Ihnen erlaubt, es als Ganzes scharf zu bekommen, was ein Problem ist, weil Ihnen, wenn Sie sich dem Fisch mit dem Objektiv optimal nähern, nur eine minimale Tiefenschärfe zur Verfügung steht. Ein anderes Problem ist, sich dem Fisch überhaupt optimal zu nähern, denn sobald Sie mit dem Apparat Ihre Augen verdecken, sind die meisten Koi irritiert und beginnen rückwärts zu schwimmen.

Überdies gibt es außer dem Plankton und dem Fisch, den Sie fotografieren wollen, noch die anderen Fische im Teich, und ist der Wasserspiegel ausnahmsweise einmal glatt, rein und ohne störende Reflexe und Spiegelungen, und es gelingt Ihnen, den Auslöser zu drücken, schwimmt Ihnen in diesem Sekundenbruchteil höchstwahrscheinlich ein großer unscharfer Fischrücken in den Bildvordergrund...

Ehe Sie aber überhaupt daran denken können, Ihre Fische zu porträtieren, müssen Sie sie kennenlernen, und das heißt, sie über lange Zeit zu beobachten und ihr Vertrauen zu gewinnen. Auch müssen Sie sich mit den Lichtverhältnissen in Ihrem Teich vertraut machen, denn wo Sie Mitte Mai morgens um sieben bis auf den Grund fotografieren können, ist Mitte Juli vielleicht keine brauchbare Aufnahme mehr möglich.

Angesichts all dieser Imponderabilien und der Tatsache, daß Sie aufgrund der Sonnenlichtabhängigkeit nur wenige Monate im Jahr fotografieren können und zudem nicht wissen, wieviel Jahresarbeitslicht Ihnen vergönnt sein wird, suchen Sie jeden Sonnenstrahl zu nutzen, was an bestimmten Tagen zur Verschilfung Ihrer selbst führen kann. Auf Verständnis dürfen Sie dann fast nur noch bei den Fischen hoffen.

Außer den fotografischen Tücken, denen sich jedoch mit Geduld und einem Hang zum Masochismus beikommen läßt, sind es die Krankheiten der Koi, die das Fotografieren erschweren oder es zeitweise unmöglich machen – besonders nach dem Ablaichen, bei dem die Fische oft zahlreiche Blessuren davontragen, auf die sich, wenn man Pech hat, trotz aller Vorsichtsmaßnahmen eine resistente bakterielle Infektion oder eine Mykose aufpfropft.

Schlußbemerkung: Es gibt Koi, die astronomische Summen kosten. Sie sind so selten, wie sie schön sind. Ich versichere Ihnen, daß Sie das Buch »Der Kuß der Koi«* ohne soziales Unbehagen aufschlagen können. Meine Fische waren billiger als jedes Laster. Einen der Koi habe ich vor fünf Jahren für umgerechnet 50 Euro gekauft. Er war nie krank und hat mir nur Freude bereitet. Wo bekommen Sie für 50 Euro für fünf Jahre Freude!

* Reiner Kunze: Der Kuß der Koi, Prosa und Fotos. S. Fischer Verlag, Frankfurt am Main 2002

Abweichungen und Kopfwunden

Verleihung der Ehrenbürgerschaft der Stadt Oelsnitz/Erzgebirge am 6. September 2003

Mein Spitznamen als Schuljunge war »Oeser-Ochs«. In Oberoelsnitz gab es einen Bauern namens Oeser, der einen Zugochsen mit hervortretenden Augäpfeln besaß, und als meine Mutter eines Tages eine Horde Jungen zur Rede stellte, warum sie mich »Oeser-Ochs« riefen, bekam sie zur Antwort: »Weil dar a su gruuße Aagn hat!« (Für Nichterzgebirgler: Weil der auch so große Augen hat.) Nun habe ich im Unterschied zu dem bemitleidenswerten Ochsen, der möglicherweise an einer Schilddrüsenüberfunktion litt und in diesem Zustand einen Kastenwagen mit fünfzig Zentnern Briketts samt Bauern Oeser die Obere Hauptstraße hinaufziehen mußte, nie an einer Schilddrüsenüberfunktion gelitten, und kein Foto aus Kindheitstagen läßt hervortretende Augäpfel erkennen. Ich kann nur vermuten, daß ich die Augen weit aufzureißen pflegte.

Die Seele saß wohl unmittelbar hinter der Netzhaut.

Von klein auf habe ich gemalt. Der Chemnitzer Großvater mütterlicherseits, der, als ich zur Welt kam, schon nicht mehr lebte, war Steinbildhauer gewesen. Wahrscheinlich hinterließ er mir in den Genen etwas Einschlägiges. Bilder, die mir hätten einen ersten Eindruck von Kunst vermitteln können, gab es bei uns zu Hause nicht. Über der Schlafkammertür hing ein Farbdruck – Jesus mit Hirtenstab und Schafherde, am rosigen Himmel pausbäckige Engel. Ich aber saß beim Bauern auf der Haustreppe und malte die Katzen, und zwar mit viel zu großen Augen, denn nur so hatte ich das Gefühl, daß sie mich auf dem Bild anblickten. Das war eine erste Abweichung von dem, was andere als »richtig« empfanden. Damals ahnte ich nicht, daß mein Leben lang immer andere andere den Anspruch erheben würden, als einzige zu wissen, was richtig ist.

Als ich lesen gelernt hatte, prophezeite mir meine Mutter, daß ich mir die Augen verderben würde, doch wäre wohl eher der Verderb meiner Seele zu befürchten gewesen, denn ein beträchtlicher Teil der Bücher, die ich sonstwoher angeschleppt brachte, dürfte nicht einmal für Erwachsene empfehlenswert gewesen sein. Mich durch eine elterliche Bibliothek hindurchzulesen und mir bereits als Kind ein untrügliches Qualitätsempfinden anzueignen war mir als Bergarbeiterjungen nicht vergönnt gewesen.

Immerhin gelangten Bücher wie Grimms Märchen in meine Hände, was ich meinem Lehrer Max Weber zu danken habe, und nach dem Krieg machte mich mein erster Förderer, der Neulehrer Gotthard Ullmann, auf Heinrich Heine aufmerksam.

Die grundlegende literarische und zugleich musikalische Erfahrung meiner frühen Kindheit verdanke ich jedoch meiner Mutter. Bei fast allem, was sie zu Hause tat, ob sie Strümpfe stopfte oder Wäsche aufhängte, sang sie – sie war in ihrer Jugend Chorsängerin gewesen –, und mit der Zeit konnte ich auch die strophenreichsten klassischen Volkslieder auswendig – ein Potential, dessen Vorhandensein und prägender Einfluß bei einem Autor der zweiten Hälfte des 20. Jahrhunderts kaum noch in Erwägung gezogen wird. Mein erstes Buch war ein gesungenes Buch.

Zu den Leidenschaften des Malens und des Lesens kam alsbald eine dritte hinzu – die des Schreibens, des Reimens und des Geschichtenerfindens, was die Erwachsenen, besonders meinen Vater, in der Überzeugung bestärkte, daß ich wohl nie würde eine Familie ernähren können. Nur mein geliebter Großvater in Oberoelsnitz sah das anders. Er bestellte bei mir

Pferdebilder, die er bei den Bauern gegen Eier und Kartoffeln eintauschte. Ein Stück gemalten Pferdefells, das glänzte, als sei es soeben erst gestriegelt worden, versetzte ihn in Entzücken.

Die Bergarbeitertradition väterlicherseits hatte gegenüber den Genen mütterlicherseits und den von klein auf gehörten Liedern in meinem Kopf jedoch keine Chance, und das Geschichtenausdenken wendete innere Not. Ich litt zum einen an Asthma bronchiale, zum anderen an einem chronischen Ekzem, das zeitweise am ganzen Körper zutage trat, näßte und sich infizierte. Beide Krankheiten isolierten mich von den anderen Kindern. Ich konnte fast nie mittun, was sie taten, weder im Teich baden noch auf Bäume klettern, und manche Eltern verboten ihren Kindern, mit mir zu spielen, weil sie meinten, ich hätte die Krätze, die bekanntlich ansteckend ist. Damals gab es weder Medikamente, die den Juckreiz stillten – meine Mutter legte oft tagelang mit Eichenrindenlösung getränkten Verbandmull auf –, noch gab es Antibiotika. Zu Gebote stand einzig die dunkelbraune Ichthyolsalbe, die neben Blut und Eiter die Verbände einfärbte und den an Händen, Ellenbogen und Knien Verbundenen wenig einladend aussehen ließ.

Die Folge waren häufiges Alleinsein und Ausgelachtwerden. Wer nicht schwimmen kann, springt nicht ins Tiefe, und wer keine Luft bekommt, kann nicht rennen und ist immer der Letzte, und wer nur selten mitturnt, hat keine Übung und läuft beim Bockspringen um den Bock herum. Das Alleinsein machte mir wenig aus, denn ich malte, las oder schrieb, das Ausgelachtwerden dagegen viel. Als eines Tages auf dem Schulhof die beiden Torwarte einer um den anderen die Spieler ihrer Mannschaften ausgewählt hatten und ich als einziger übriggeblieben war – verständlicherweise, ich hätte mich auch nicht in meine Mannschaft gewählt –, sagte der Turnlehrer: »Bei der Mannschaft, die den Reiner nimmt, spiele ich in der zweiten Halbzeit zur Belohnung mit.«

Das eigentliche Trauma einer bestimmten Phase meiner Volksschulzeit aber war, daß manche meiner Klassenkameraden ihre Aggressionen an mir abreagierten. Ich war derjenige, der nichts von dem konnte, was ein Junge können muß, und wenn sie Lust hatten, »Bande« zu spielen, war ich ihr bevorzugtes Ziel, und das ist wörtlich zu nehmen, denn ich trug zweimal durch Steinwürfe Kopfwunden davon und mußte genäht werden. Die Mitschüler stürmten unmittelbar nach Unterrichtsschluß aus dem Klassenzimmer, um sich auf dem Heimweg zu »verschanzen«. Ich hatte Angst, wagte mich nicht aus dem Schulgebäude hinaus oder nahm beträchtliche Umwege auf mich, was meine Mutter jedesmal mehr als beunruhigte.

Wahrscheinlich hat das alles dazu beigetragen – und nur deshalb erzähle ich es –, daß ich so früh zu schreiben und mir eine Phantasiewelt zu schaffen begann.

Soviel zu den ersten Anfängen, die mich in der Erinnerung nach Oelsnitz führen, allerdings in ein Oelsnitz, dessen Halden, auf denen wir, meine Mutter und ich, in schwindelnder Höhe Kohle lasen, noch weitgehend kahl waren, und unter dessen sich senkenden Häusern es in fast tausend Metern Tiefe von Bergleuten wimmelte.

Der Malerei hielt ich die Treue nicht, sie aber hielt sie mir, indem sie, als ich in meinem Beruf ernsthaft zu fotografieren begann, blickgebend zu mir zurückkehrte. Das Lesen und Schreiben habe ich nie mehr lassen können, und im übertragenen Sinn hat es auch an Kopfwunden später nicht gemangelt.

Der inzwischen über siebzig Jahre alt gewordene Oelsnitzer Bergarbeiterjunge mit dem Spitznamen »Oeser-Ochs« dankt seiner Geburtsstadt für die Ehrenglocke um seinen Hals.

Schirmherrnwort zum Festspielmotto »Für Gott und die Welt«

Feierliche Eröffnung der 52. Festspiele
Europäische Wochen Passau am 18. Juni 2004

In jedes Kunstwerk geht Welt ein, und wo Welt ist, ist Gott – sei es Gott, der die Welt erschaffen hat, oder Gott, den der Mensch sich geschaffen hat, damit er die Welt aushält. Alle Kunst ist Menschenkunst, und die Welt der Menschen ist ohne Gott nicht denkbar. Noch der Agnostiker und der Atheist gewinnen ihr Selbstverständnis im Hinblick auf Gott. Gott aus der Kunst entfernen zu wollen hieße, den Menschen aus der Kunst zu entfernen, und das würde bedeuten, die Kunst zu entfernen aus der Welt.

Manche halten sich heute für viel zu erwachsen, zu aufgeklärt, zu emanzipiert, um Haydns »Schöpfung« noch erträglich zu finden. In der »Schöpfung« sagt Adam zu Eva: »Komm, folge mir, ich leite dich.« Und Eva antwortet: »Dein Will' ist mir Gesetz.« Das entspricht gewiß nicht dem Geist unserer Zeit, der das Werk ja auch nicht entstammt. Das darauffolgende Duett »Holde Gattin, dir zur Seite« aber ist Ausdruck vollkommener Anmut und ein Porträt der inneren Schönheit des Menschenantlitzes. Dieses Duett wird zu allen Zeiten eine Ahnung davon hervorrufen, was im Menschen an Beseligendem, an Beglückendem möglich ist, denn Anmut bleibt Anmut und innere Schönheit des Menschenantlitzes bleibt innere Schönheit des Menschenantlitzes.

In Beethovens Schlußchor über Schillers Ode »An die Freude« heißt es: »...wer ein holdes Weib errungen, / mische seinen Jubel ein! / Ja, wer auch nur eine Seele / sein nennt auf dem Erdenrund! / Und wer's nie gekonnt, der stehle / weinend sich aus diesem Bund!« Und prestissimo: »Brüder, überm Sternenzelt / muß ein lieber Vater wohnen.« Wen das nicht mehr ergreift – auch der stehle weinend sich aus diesem Bund.

Eine Freude wert

Festakt des Deutschen Bundestages
und des Bundesrates zum Tag der Deutschen Einheit
am 3. Oktober 2004 in Erfurt

Ivan Diviš

GEFÄNGNIS PANKRATZ

Bei diesem worte überläuft mich sofort Romadur…

Das war das erste nämlich, was mir die tante
mit butter und brot zu essen gab,
als sie uns freigelassen hatten. Ich taumelte und
sprang aus den straßenbahnen –
sie fuhren mir zu langsam. Mutter ging eben in den
keller nach kohle,
und als sie mich heraufkommen sah, sank sie
zusammen.

Diese meine lausigen buchstaben! Alle buchstaben
sind lausig,
nur die musik lebt, meine mutter lebt und mein
bruder lebt,
mein vater lebt auch, und ich begreife nur nicht,
warum wir das nicht immer alle feiern miteinander.

Der tschechische Dichter Ivan Diviš war zwanzigjährig mit einigen seiner Freunde in Prag in die Fänge der Gestapo geraten, und einer der Freunde wurde erdrosselt, ein anderer erstochen.

Wenn Diviš fragt, warum sie, die dem entkamen, das nicht immer alle feiern miteinander, meint er gewiß nicht »Feste feiern«, sondern ein gesteigertes Wahrnehmen der eigenen Existenz und der Existenz der anderen, das verbindet, ein unterschwelliges Gefühl elementarer Dankbarkeit und eine dem Leben zuarbeitende, seinen Glanz intensivierende Trauer, was ein Fest, das diesen Glanz ins Bewußtsein hebt, nicht ausschließt. Divišs Frage nach dem Feiern ist keine Randfrage. Er ist darüber beunruhigt, wenn nicht entsetzt, daß man weiterlebt, als sei das, was geschehen ist, nicht geschehen.

Auch wir Deutschen sind dem, dem Diviš und die Seinen entkamen, entkommen – jedoch auf der anderen Seite, Schuldige jeden Grades, Unschuldige, Kinder, und das bedeutet, daß wir doppelt und dreifach entkommen sind: dem nationalsozialistischen Regime, dem Verhängnis, noch mehr untilgbare Schuld auf uns zu laden, und noch verheerenderer Vergeltung. Mit uns entkamen all jene, die damals noch nicht geboren waren, denn sie sind bis heute davor bewahrt worden, daß sich diese Hölle von neuem auftat, und sie verfügen über das politische Instrumentarium, sich und andere auch künftig davor zu bewahren.

Wir begehen Feiertage. Aber *feiern* wir?

Als unsere Familie noch in der DDR lebte, lehnte es das zuständige Volkspolizeikreisamt ab, mir die Einladung für einen Kollegen aus dem sozialistischen Ausland zu beglaubigen, die dieser benötigte, um uns besuchen zu können. Meine Bitte, mir den Grund für die Ablehnung zu nennen, wurde zurückgewiesen: Die getroffene Entscheidung bedürfe keiner Begründung. Ich verlangte den Leiter des Volkspolizeikreisamtes zu sprechen. Der Wortwechsel mit ihm war kurz. Was in diesem Staat wie einzuschätzen sei, sagte der Offizier, bestimme einzig und allein die in ihm herrschende Arbeiter-und-Bauern-Macht. – Ich hätte bisher geglaubt, Teil dieser Arbeiter-und-Bauern-Macht zu sein, entgegnete ich rhetorisch. Er konterte: »Auch wer Sie sind, bestimmen nicht Sie, sondern wir.«

DDR-Seelenalltag, unauslöschlich in der Erinnerung derer, die ihn an sich selbst erfahren haben.

Nachdem wir in die Bundesrepublik übergesiedelt waren, kam Anfang der achtziger Jahre mein Vater aus der DDR zu Besuch, und obwohl ihn seine Staublunge und sein schwer in Mitleidenschaft gezogenes Herz – er hatte Jahrzehnte unter Tage gearbeitet – alle paar Schritte innehalten ließen, bestand er darauf, sich nützlich zu machen. Also bat ich ihn eines Tages, zum Briefkasten zu gehen und Briefe einzuwerfen. Nach wenigen Minuten kam er zurück und rief vor dem Haus nach mir. Er war erregt. »Ich hab' meinen Ausweis vergessen«, sagte er und bat mich, ihm aus der Innentasche seines Jacketts den Reisepaß zu bringen. Wozu er ihn brauche, fragte ich. »Na, wenn man mal angehalten wird«, sagte er. Ich versuchte ihn zu beruhigen: Seit Jahren sei ich in unserem Ort keinem Polizisten begegnet. »Man kann nie wissen«, antwortete mein Vater. Wohl war er sich bewußt, daß er sich in einer anderen Welt befand als der, aus der er kam, doch sowenig ein Bundesbürger erschrocken wäre, weil er hätte zwischen Wohnung und Briefkasten ohne Ausweis angetroffen werden können, sowenig konnte sich mein Vater vorstellen, daß man nicht überall auf der Welt ständig darauf bedacht sein mußte, kontrolliert zu werden. Mehr als dreißig Jahre DDR hatten Mentalität geprägt.

Ich weiß, es gab Drastischeres, Aktenkilometer dokumentieren es, aber in diesem Seelenalltag offenbarte sich das Totalitäre des politischen Systems mit am zynischsten. Als meine Eltern in der DDR schon zu gebrechlich waren, um noch reisen zu können, und es uns untersagt war, sie zu besuchen, wollte ich sie, damit wenigstens sie mich wieder einmal zu Gesicht bekämen, auf ein Interview in der Fernsehsendung »Report« aufmerksam machen. Am Sendetag, dem 8. März 1988, telegrafierte ich ihnen morgens aus Baden-Baden: »21 Uhr. Herzlichst Reiner.« Das Telegramm wurde ihnen am nächsten Tag unmittelbar nach der vormittäglichen Wiederholung von »Report« zugestellt.

Gewiß, es gab auch Gutes. Wo Menschen zusammenleben, gibt es immer auch Gutes, sie könnten sonst nicht leben. Das Schlechte an dem Guten nur war, daß es als Rechtfertigung alles Schlechten diente und noch dient. Außerdem war das Gute nicht in allem gut. In den vielbeschworenen Kindergärten wurde zur Diktatur erzogen.

Diese Welt, meine Damen und Herren, ist als Staat aus Deutschland verschwunden, und diejenigen, die diesen Staat letztlich zum Verschwinden brachten, waren Deutsche, die eine gewaltlose demokratische Revolution wagten, eine Revolution gegen eine sozialistische Diktatur, und die dabei ihre persönliche Freiheit und ihr Leben riskierten, denn sie konnten sich weder der Gunst der Stunde noch der entscheidenden Weichenstellung Gorbatschows sicher sein, der nach einer telefonischen Bürgschaft Helmut Kohls die sowjetischen Truppen in den Kasernen ließ.

Wir begehen Feiertage. Aber feiern wir?

Manche Wahrheiten, die auszusprechen als banal empfunden werden mag, sind die wunderbarsten Wahrheiten, die in diesem Land heute ausgesprochen werden können. Wir leben seit fast fünfzig Jahren im Frieden. Die Mehrheit der Deutschen lebt nahezu ebensolange in einer rechtstaatlichen Demokratie, die ein Höchstmaß an persönlicher Freiheit garantiert, und heute sind alle Deutschen Bürger des einen Deutschlands. Dieses Deutschland ist Heimat der Deutschen und Wahlheimat derer, die auf Dauer zu uns kamen und kommen, vorausgesetzt, sie wählten und wählen als Tor die deutsche Sprache, und für Verfolgte und an Leib und Leben Bedrohte ist es Zuflucht und Herberge. Dieses Deutschland bedeutet für die Länder, an die es grenzt, Frieden, und diese bedeuten Frieden für Deutschland. Die Erreger nationalen Mißtrauens, nationalen Dünkels, nationaler Komplexe und nationalistischer Ideologien werden nie gänzlich auszumerzen sein, sie pflegen sich einzukapseln und bei erstbester Gelegenheit wieder virulent zu werden, doch dürften die pluralistischen Nachkriegs- und Spätnachkriegsdemokratien über die agilsten immunologischen Schutzmechanismen dagegen verfügen. Das Europa der Demokratien läßt hoffen, daß auch unsere Kinder und Enkel im Frieden leben werden und der Terrorismus an übernationale Grenzen stößt.

Wir begehen Feiertage. Aber...

In dem Gedicht von Ivan Diviš heißt es: »...alle feiern miteinander.«

In einer großen deutschen Tageszeitung wurde das »Sympathisieren mit eher rechts- denn linksliberalen Kreisen« negativ akzentuiert. Nicht, daß die Rede gewesen wäre von »rechts« und »links«, man unterschied prononciert zwischen »rechtsliberal« und »linksliberal«, also zwischen zwei Geisteshaltungen, die die Mitte des politischen Spektrums bilden und gewissermaßen Tuchfühlung haben, und der subtil ehrenrührige Kontext, in den das Sympathisieren mit rechtsliberalen Kreisen gestellt war, machte den ideologischen Fundamentalismus deutlich, der bereits in der innersten Mitte der Gesellschaft ein Miteinander aller ausschließt: Rechtsliberal ist man nicht nur nicht, mit Rechtsliberalen sympathisiert man auch nicht.

Ich bin dem Rechts-links-Denken zutiefst abgeneigt, aber wenn ich mich ihm schon unterwerfen muß, kann ich nur sagen: Ein politisches Gemeinwesen mit »Rechtsliberal« als linkem Rand wäre ebensowenig eine Demokratie wie ein Gemeinwesen mit »Linksliberal« als rechtem Rand.

Der Verhaltensforscher Irenäus Eibl-Eibesfeld schreibt, an der Erhaltung des Lebensstromes wirkten ein konservatives und ein progressives Konstruktionsprinzip, und in dieser Auseinandersetzung dürfe es keinen Sieger geben.

Erst wenn wir das begriffen haben und bereit sein werden, diesen Widerstreit auszuhalten und dabei einander zu achten, werden wir in uns eine der Voraussetzungen kultiviert haben, nicht nur Feiertage zu begehen, sondern alle miteinander zu feiern.

Was mein Verhältnis zum Land meiner Geburt, meiner Sprache, meines emotionalen und intellektuellen Zuhause, also zu jenem Stück Erdoberfläche betrifft, auf dem ich mich zu orientieren vermag ohne Stern, hatte ich noch nie Schwierigkeiten mit Ausländern, sondern immer nur mit Deutschen. In Rio de Janeiro fuhr uns Mitte der achtziger Jahre ein junger deutscher Germanist zur Universität und fragte uns, ob wir denn in der präfaschistischen Bundesrepublik überhaupt leben könnten. Während der gesamten Fahrt bemühte er sich, uns über das Wesen des deutschen Volkes aufzuklären, und als wir auf dem Campus ausstiegen, hätten wir uns zum einen als Freigänger eines Gefängnisses fühlen müssen, deren Zwangsrückkehr in Kürze bevorstand, und zum anderen hätten wir uns an die Brust schlagen und beteuern müssen, daß wir uns schon immer geschämt haben, Deutsche zu sein. Wir aber fühlten uns nach unserer Übersiedlung aus der DDR erstmals als freie Menschen und kannten in der DDR wie in der Bundesrepublik, in der wir damals schon neun Jahre lebten, eine Anzahl Deutscher immerhin so gut, daß wir überzeugt sein durften, die Gattung Mensch brauche sich ihrer nicht zu schämen.

In Tokio, ebenfalls in den Achtzigern, wurde ich aus einem Auditorium heraus gefragt, ob ich meinte, daß Deutschland für immer geteilt bleiben müsse. Ich antwortete mit der Gegenfrage, ob, wenn Japan nach dem Krieg geteilt worden wäre, die Mehrheit der Japaner das von ihrem Land meinen würde. Nicht wenige Menschen in der DDR, sagte ich, sähen in der Wiedervereinigung die einzige Hoffnung, daß, wenn auch nicht sie selbst, so doch ihre Kinder oder Kindeskinder die Grundfreiheiten erlangten, die ihnen zur Zeit verweigert würden. Ein japanischer Kollege, der als Stipendiat in Westberlin gewesen war, stellte jedoch die Meinung eines anderen deutschen Schriftstellers dagegen, und ich bekam simultan aus dem Japanischen fast wörtlich die Äußerung des damaligen Vorsitzenden des Verbandes deutscher Schriftsteller der Bundesrepublik und, wie die Rosenholz-Dateien belegen, Mitarbeiters des Staatssicherheitsdienstes der DDR übersetzt, die jener 1982 in Ostberlin getan und die mich veranlaßt hatte, aus dem Schriftstellerverband auszutreten: Alles, was auf den Wunsch nach Wiederherstellung eines deutschen Nationalstaates hinauslaufen könnte, sei unzulässig. Ein Glück, daß unsere Freunde in der DDR weit weg waren von Japan, sonst hätten sie sich einmal mehr als abgeschrieben betrachten müssen.

Ich halte es mit Johann Gottfried Herder, der auf die Frage, was »Nation« sei, antwortet: »Ein großer, ungejäteter Garten voll Kraut und Unkraut. Wer wollte sich dieses Sammelplatzes von Torheiten und Fehlern sowie Vortrefflichkeiten und Tugenden ohne Unterscheidung annehmen, und wenn es eine bloße Meinung von Seelenkräften und Verdiensten gilt, für diese Dulcinea gegen andre Nationen den Speer brechen?« Und in einem späteren seiner »Briefe zur Beförderung der Humanität« schreibt Herder, »Vaterländer gegen Vaterländer« sei »der ärgste Barbarismus der Menschensprache«. Barbarismus aber ist auch, dem eigenen Land und dem eigenen Volk die Liebe zu entziehen.

Und wer seinem Volk die Liebe entzieht, kann nicht mit ihm feiern.

Keine und keiner meiner slawischen oder jüdischen Kolleginnen und Kollegen, mit denen uns Freundschaften verbinden, die bereits das halbe Leben währen – keine und keiner von ihnen käme auf den Gedanken, von irgendeinem Volk der Welt zu verlangen, daß es auf Knien lebt. Ein Volk, das sich gegenüber anderen Völkern versündigt hat, muß niederknien können, in der Seele und auch sichtbar, wie es Willy Brandt für uns symbolisch getan hat. Dann aber auf Knien zu verharren würde bedeuten, der menschlichen Augenhöhe verlustig zu gehen und weder weit genug zurück- noch weit genug nach vorn blicken zu können.

Aus der DDR schrieb ich einmal meinem Kollegen Jan Skácel in Brünn, ich sei »ziemlich am Boden«. Er antwortete: »Ich mußte unsere Akademie der Wissenschaften (Abteilung Handschriften) ersuchen, mir Deinen Brief zu entziffern... Uns beunruhigt die Bemerkung..., daß Du am Boden bist (war es ›Boden‹?). Sieh zu, daß Du von diesem Boden bald wieder aufstehst. Und uns würde es gar nicht gefallen, wenn Du Dich irgendwo auf einem Boden herumwälzen würdest, wir haben Dich gern schön aufgerichtet.«

Haben wir den Mut, uns von unseren Freunden ermutigen zu lassen, uns schön aufzurichten und schön aufrecht zu leben!

Folgen wir Ivan Divišs indirekter Aufforderung, miteinander zu feiern, die eigene Existenz und die Existenz der anderen gesteigert wahrzunehmen und uns ein Gefühl elementarer Dankbarkeit zu erlauben! Dieses Deutschland ist eine Freude wert.

Verheertes Terrain

Verleihung des STAB-Stiftungspreises
am 6. November 2004 in Zürich

Es ist ein berührender Preis. Er ist ein Stab. Er schützt und hilft, verheertes Terrain zu durchqueren.

Verheertes Terrain?

Ein traditionsreicher deutscher Lexikonverlag warb für seine vielbändige Enzyklopädie mit dem Porträt des Außenministers der Bundesrepublik Deutschland, Joschka Fischer, und dessen Ausspruch »Wer keine Ahnung hat, hat auch keine Meinung«. Wer keine Ahnung hat, hat auch keine Meinung? Wenn dem doch so wäre! Wer keine Ahnung hat, hat leider meist eine Meinung, ja, viele haben eine Meinung, weil sie keine Ahnung haben. Anders gesagt: Wer heute Ahnung hat, wagt sich kaum noch, eine Meinung zu haben. Was Fischer sagen wollte, war wohl: Wer nicht genug weiß, kann sich kein Urteil bilden. Wenn ein Verlagshaus, das das geballte Menschheitswissen verwaltet, nicht bemerkt, daß es mit einem unzutreffenden Ausspruch wirbt und bei seinen potentiellen Käufern einen Intelligenzquotienten voraussetzt, der einer solchen Werbung nicht im Wege steht, dürfte das allgemeine Denkniveau Anlaß zur Sorge sein.

Je niedriger das Denkniveau, desto undifferenzierter die Sprache, und je undifferenzierter die Sprache. desto fortschreitender ihre Verarmung. Man höre bewußt die Wortsendungen des Rundfunks! Alles ist »aktuell« – meist überflüssigerweise –: das Wetter, die Verkehrslage, der Börsenkurs, die Diskussion, die Situation, der Gesichtspunkt, die Mode, der Bedarf usw. Wörter wie »gegenwärtig«, »augenblicklich«, »momentan«, »heutig« oder »derzeitig« werden Ihnen nur noch im Ausnahmefall zu Ohren kommen. Kaum ein Journalist oder Politiker weiß noch zu unterscheiden zwischen »künftig« (in Zukunft) und »zukünftig« (die

Zukunft betreffend oder Zukunft habend). Zu hören ist fast nur noch »zukünftig«, was natürlich viel fortschrittlicher klingt und auf die sprechende Person zurückzustrahlen scheint, und das Wort »künftig« droht aus der lebendigen Sprache herauszufallen. – Nachdem er hundertvierzig Übersetzungsklausuren aus dem Englischen korrigiert hatte, schrieb mir ein befreundeter Bonner Geschichtsdozent, die jungen Semester seien nicht nur bar jeder historischen Kenntnis – »jeder« unterstrichen –, sondern auch arm an Sprachphantasie und alltäglichen Redewendungen. Es sei erschütternd. In dem Brief heißt es: »Aber noch viel schlimmer ist..., daß auf diese Dinge kein Wert mehr gelegt wird. Im übrigen trauen sich auch viele Dozenten nicht, so etwas anzumerken.« Ein Professor für Informatik an einer sächsischen Hochschule beklagte sich über die »profunde Unfähigkeit« der Mehrzahl seiner Studenten, »sich sprachlich einigermaßen zu artikulieren«. Er schrieb: »Wir können von der Datenautobahn kaum profitieren, da wir uns fortwährend im intellektuellen Stau befinden.« Im Leserbrief einer Wissenschaftlerin an die Frankfurter Allgemeine Zeitung hieß es: »Die Texte des akademischen Nachwuchses, die ich das Vergnügen habe,...lesen zu dürfen, sind in vielen Fällen einer Kulturnation unwürdig.«

Wundern dürfen wir uns darüber nicht. Eine Zeitung titelte: »Deutsch wieder Pflicht für alle Abiturienten«. Wer gehofft hatte, dies sei eine Tatsachenmeldung, sah sich getäuscht. Der erste Satz des Einspalters lautete: »Kulturstaatsminister Julian Nida-Rümelin...hat erneut die Wiedereinführung von Deutsch als Pflichtfach für alle Abiturienten gefordert.«

Doch die kulturelle Erosion schreitet weiter voran.

Auf Anordnung des Bildungsministeriums in Düsseldorf wird in den Schulen Nordrhein-Westfalens keine Schreibschrift mehr unterrichtet. Schreiben habe ökonomisch zu sein, und für die lateinische Schreibschrift seien an die hundertfünfzig Bewegungen zu erlernen und zu automatisieren, während für die Druckschrift etwa zehn genügten. Ehe der Mensch aber eine Handschrift ausbilden kann, die seine Individualität ausdrückt und die Welt vielleicht um eine ästhetische und, aus späterer Sicht, historische Kostbarkeit bereichert, muß er zusammenhängend und flüssig schreiben können.

Ein Extrem emanzipatorischer Verbiesterung ist das Anfügen femininer Endungen an maskuline Wörter, bei dem das »i« der weiblichen Endung als Großbuchstabe in der Wortmitte aufgerichtet wird wie ein Mast, damit an ihm die Fahne der geschlechtlichen Gleichberechtigung wehe: LehrerInnen, StudentInnen usw. Der Mann wird jedoch aus dem Wort hinausgesprochen, da der männliche Wortanteil nicht dekliniert werden kann. Dieser Gewalttätigkeit gegenüber der Sprache begegnet man ebenso in kulturpolitischen Publikationen der Sozialdemokratie oder der Gewerkschaft Erziehung und Wissenschaft wie – und hier durchgängig – im Forschungsmagazin der Universität Graz, in dem ich das Nichtwort »ÄrztInnen« fand, das die Bezeichnung für den männlichen Arzt bereits im Nominativ nicht mehr enthält. Doch auch auf einem Buch mit Postkarten der großen Dichterin Christine Lavant, das in einem seriösen österreichischen Literaturverlag erschien, heißt es im Werbetext der Herausgeberin: »Das Postkartenbuch...hält zugleich für LiebhaberInnen Ergänzungen ihrer Beschäftigung und ihres Sammelns wie für EntdeckerInnen Angebote zum Einsteigen bereit. Die…Motive…sind in ihrer Ästhetik auch einzeln für die jeweiligen AdressatInnen ansprechend.« Das ist, neben unerträglichem Deutsch, Sprach- und Geisteszersetzung in einem.

Den gravierendsten Kulturbruch aber bedeutet die Rechtschreibreform, doch besteht wenigstens in diesem Fall Grund zur Zuversicht.

In Hans Haider Munskes Aufsatz »Lob der Rechtschreibung«, einem Hohelied auf die »Haut der Sprache«, nachzulesen in der Frankfurter Allgemeinen Zeitung vom 4. Oktober 2004 und jedem zu empfehlen, der sich von den kulturellen Folgen der Reform einen begründeten Begriff machen möchte, in diesem weisen Aufsatz heißt es: »Die deutsche Rechtschreibung ist lobenswert… Ein besonderes Lob verdient sie für die Widerstandskraft, die sie gegenüber zahllosen Reformversuchen gezeigt hat. Diese [Widerstandskraft] dankt sie natürlich ihren Verteidigern, die sich nicht von platten Nützlichkeitsideen ins Bockshorn jagen ließen, die Ausdauer bewiesen und Überzeugungskraft.« Und an anderer Stelle heißt es, die einzige Grenze, die die Rechtschreibreformer notgedrungen akzeptierten, sei »der Widerstand der Sprachgemeinschaft, der ihnen Stück für Stück ihre Reformen zunichte macht.« Des Verfassers Ausblick: »So werden Rechtschreibreformen immer magerer, bis sie ganz sterben.«

Zweifelsohne war die Sprache noch nie einer solchen staatlichen, wirtschaftlichen, technischen und medialen Gegenmacht ausgesetzt wie heute, aber letztlich unterrichten in den Schulen noch immer Menschen, schreiben in den Ämtern Menschen, entscheiden in den Buch- und Zeitungsverlagen Menschen, und es sind Menschen, die ihren persönlichen Computer mit Software bestücken.

In einem respektvollen Brief vom 4. Februar 2003 machte der Lüneburger Philologe Dr. Martin String die damalige Präsidentin der Kultusministerkonferenz, Staatsministerin Karin Wolff, u.a. auf den Unterschied »zwischen zwei Sorten orthographischer Schreibweisen« aufmerksam. »Es gibt solche«, schrieb er, »die als rein konventionell bezeichnet werden können; ihre Veränderung dient der Vereinfachung und berührt weder die Bedeutung noch die grammatische Funktion des Wortes (seyn/sein). Es gibt jedoch auch Schreibweisen, die mit dem Ausdruck eines bestimmten Sinnes verbunden sind... Dies trifft...auf die Groß- und Kleinschreibung zu, außerdem auf das Getrennt- und Zusammenschreiben und auf etymologische Schreibungen... ›Aber während ich mir einbildete, an andere Dinge zu denken, arbeitete es unter der Hand in mir weiter...‹ schrieb Thomas Mann in ›Herr und Hund‹ 1919. Später, in ›Zauberberg‹ und ›Felix Krull‹ benutzte er das zusammengeschriebene ›unterderhand‹, das dann auch in späteren Ausgaben von ›Herr und Hund‹ erscheint. Der Vorteil der neuen Schreibweise dürfte einleuchten. Die Reform kehrt zur alten zurück, während sie es bei ›vorderhand‹ beläßt. Schiller schrieb im ›Taucher‹ 1797: ›Des Hammers gräuliche Ungestalt‹, verbesserte aber für die Ausgabe letzter Hand in ›greuliche Ungestalt‹. Offenbar sollte der Leser nicht nur an eine Farbe denken. Auch diesen Fortschritt der Rechtschreibung will die Reform rückgängig machen. Die hier dargestellte Unterscheidung...ist von der Kultusministerkonferenz immer geleugnet worden. Zweimal habe ich es vom damaligen Präsidenten, Professor Wernstedt, selbst gehört, daß Orthographie mit dem Sinn nichts zu tun habe.«

Die Sprache selbst ist es, die ihre Verteidiger mobilisiert, und es wird immer Menschen geben, die tun, was, nach Karel Čapek, »ein einsamer und sozial abhängiger Intellektueller tun soll und tun kann«, nämlich »unter keinen Umständen seine geistige Disziplin verraten«. Daran werden auch Beschlüsse von Ministerpräsidenten und Kultusministern nichts ändern, die sich, wie die Antwort beweist, die der Philologe Martin String vom Sekretariat der Kultusministerkonferenz erhielt, über einen Friedrich Schiller oder Thomas Mann erhaben dünken: »...für Ihr Schreiben vom...an..., mit dem Sie Ihre Haltung zur Neuregelung der Rechtschreibung darlegen, danke ich Ihnen. Die Präsidentin hat mich gebeten, Ihnen zu antworten... Ich möchte darauf verzichten, auf Einzelheiten Ihres Schreibens einzugehen.«

In der Zeitschrift »Gymnasium in Niedersachsen«, Ausgabe 1/2004, schreibt Wolfgang Steinbrecht in alter Rechtschreibung: »Es ist offensichtlich, daß die neue Schreibung wie ein dünner Firnis über der alten liegt und sich ganz eigentlich nicht durchgesetzt hat (...) In der deutschen Sprachgemeinschaft mit ihren Millionen von kompetenten Schreibern wird sich das Bedürfnis verstärken, wieder zusammenzuschreiben, wenn man das Gefühl hat, man schreibe ein Wort, und klein zu schreiben, wenn man das Gefühl hat, man schreibe ein Wort, das kein Substantiv ist. Es ist kein Verstoß gegen die Weisungsbindung des Beamten, hier den Ermessensspielraum weit auszulegen. Als Gymnasiallehrer sind wir gehalten, unseren Lernstoff – und Rechtschreibung ist ein solcher – glaubwürdig zu begründen, und als Beamte sind wir verpflichtet, Schaden von der Gemeinschaft fernzuhalten. Gemeinschaft bedeutet auch Sprachgemeinschaft.«

Hans Hofmann aus Bad Dürkheim legte den Schülerinnen und Schülern seines Leistungskurses Deutsch zur Reifeprüfung 2004 einen Text vor, in dem die Ablehnung bestimmter neuer Schreibungen begründet wird, sowie eine Polemik aus der Zeitung »Rheinpfalz«, in der der Verfasser, Michael Braun, die Reformkritiker der Lächerlichkeit preiszugeben versucht, indem er ihnen unterstellt, sie sähen in der neuen Rechtschreibung den Untergang des Abendlandes. Die Abituraufgabe lautete, sich über beide Texte ein Urteil zu bilden und dieses zu begründen.

Daß das Abendland nicht untergeht, ist nicht das Verdienst von Leuten, die seinen Namen verantwortungslos im Munde führen, sondern von Bürgern mit Zivilcourage wie den Lehrern String, Steinbrecht, Hofmann oder Stefan Stirnemann aus St. Gallen, dessen vorbildlich sachbezogene Beweisführung Sie aus der Neuen Zürcher Zeitung und den Schweizer Monatsheften kennen, ganz zu schweigen von Friedrich Denk aus Weilheim, dem Initiator der »Frankfurter Erklärung« von 1996 und unermüdlichen, fast kein persönliches Opfer scheuenden Wachrüttler der Öffentlichkeit, dessen großen Stunde kommen wird, wenn sich die deutsche Sprache auch in der Schule wird wieder auf sich selbst besinnen dürfen.

Der Vorsitzende der Sozialdemokratischen Partei Deutschlands, Herr Müntefering, nannte jene, die sich gegen die in wesentlichen Teilen reaktionäre Rechtschreibreform und die repressiven Methoden ihrer

Durchsetzung verwahren, »nur einige Hochwohlgeborene«, die meinten, sie »müßten das aus ästhetischen oder sonstigen Gründen noch mal korrigieren«. Ich, hochwohlgeborener Bergarbeitersohn, dessen Vorfahren väterlicherseits ihr Leben lang unter Tage gearbeitet haben, antworte Herrn Müntefering: Uns schreckt Finsternis nicht.

Editorische Anmerkung

Die Texte wurden stilistisch geringfügig überarbeitet. Anreden, Danksagungen und vorwiegend dem jeweiligen Anlaß geschuldete Passagen wurden ausgelassen, was vereinzelt eine rhetorische Bearbeitung notwendig machte. Mehrere Texte wurden gekürzt, um thematische Wiederholungen zu vermeiden.
Aus der Ehrenpromotionsrede wurde nur ein Ausschnitt aufgenommen.

*

Die in den Reden vollständig wiedergegebenen Gedichte und Prosatexte sind folgenden Büchern entnommen:

Aichinger, Ilse: *verschenkter rat*
S. Fischer Verlag, Frankfurt am Main 1978
Bienek, Horst: *Die Zeit der Fluß der Wind*
Edition Toni Pongratz, Hauzenberg 1990
Böll, Heinrich: *Engel – wenn Du ihn suchst*
Edition Toni Pongratz, Hauzenberg 1987
Busta, Christine: *Unterwegs zu älteren Feuern*
Otto Müller Verlag, Salzburg 1965
Char, René: *Poésies Dichtungen II*
S. Fischer Verlag, Frankfurt am Main 1968
Das Gedicht »Es lebe!« übersetzte Gerd Henniger.
Eich, Günter: *Ein Lesebuch*
Suhrkamp Verlag, Frankfurt am Main 1972
Jandl, Ernst: *Dingfest*
Hermann Luchterhand Verlag,
Darmstadt und Neuwied 1973

Jiménez, Juan Ramón: *Herz, stirb oder singe*
Auswahl und Übertragung von Hans Leopold Davi
Diogenes Verlag, Zürich 1977
Kirsch, Sarah: *Rückenwind*
Langewiesche-Brandt, Ebenhausen bei München 1972
Landaufenthalt
Langewiesche-Brandt 1969/77
Kunze, Reiner: *Die wunderbaren Jahre*
S. Fischer Verlag, Frankfurt am Main 1976
sensible wege und frühe gedichte
S. Fischer Verlag 1995 (Rowohlt 1969)
auf eigene hoffnung
S. Fischer Verlag 1981
Wo wir zu Hause das Salz haben. Nachdichtungen
S. Fischer Verlag 2003
Machado, Antonio, in: *Rose aus Asche*
Herausgegeben und übertragen von Erwin Walter Palm. Suhrkamp Verlag, Frankfurt am Main 1981
Petri, György: *Zur Hoffnung verkommen*
Herausgegeben und aus dem Ungarischen übertragen von Hans-Henning Paetzke
Suhrkamp Verlag, Frankfurt am Main 1986
Skácel, Jan: *Fährgeld für Charon*
Deutsch von Reiner Kunze
Merlin Verlag, Hamburg 1967/Gifkendorf 1989

Reiner Kunze

geboren 1933, siedelte nach seinem Ausschluß aus dem Schriftstellerverband der DDR und jahrelanger Verfolgung durch den Staatssicherheitsdienst 1977 in die Bundesrepublik Deutschland über. Er lebt in der Nähe von Passau. Reiner Kunze ist Mitglied mehrerer Akademien und erhielt zahlreiche deutsche und ausländische Literaturpreise und Auszeichnungen, u.a. den Georg-Büchner-Preis, den österreichischen Georg-Trakl-Preis und den Friedrich-Hölderlin-Preis. Seine Bücher wurden in über dreißig Sprachen übersetzt. Zuletzt erschienen von ihm der Prosa-Foto-Band »Der Kuß der Koi« und die Denkschrift »Die Aura der Wörter«, beide 2002, »Die Chausseen der Dichter«, ein Zwiegespräch über Peter Huchel und die Poesie (gemeinsam mit Mireille Gansel), 2004, sowie die bibliophilen Dünndruckausgaben »gedichte«, sämtliche Gedichte in einem Band, 2001, und »Wo wir zu Hause das Salz haben«, Nachdichtungen, 2003. Unter dem Titel »Die großen Spaziergänge« kam 2001 eine CD mit Gedichten aus vierzig Jahren heraus, gelesen von Reiner Kunze.

Lieferbare Radius-Bücher. Eine Auswahl